제1회 실전 모의고사

| 소방관계법규 |

응시번호

성 명

문제책형

나

응시자 주의사항

1. **시험시작 전 시험문제를 열람하는 행위나 시험종료 후 답안을 작성하는 행위를 한 사람**은 공무원임용시험령 제51조에 의거 **부정행위자**로 처리됩니다.

2. **답안지 책형 표기는 시험시작 전** 감독관의 지시에 따라 **문제책 앞면에 인쇄된 문제책형을 확인한 후, 답안지 책형란에 해당 책형(1개)**을 '●'로 **표기**하여야 합니다.

3. 답안은 문제책 표지의 과목 순서에 따라 답안지에 인쇄된 순서(제1·2·3·4·5과목)에 **맞추어 표기**해야 하며, 과목 순서를 바꾸어 표기한 경우에도 **문제책 표지의 과목 순서대로 채점**되므로 유의하시기 바랍니다.

4. 시험이 시작되면 문제를 주의 깊게 읽은 후, **문항의 취지에 가장 적합한 하나의 정답만을 고르며**, 문제내용에 관한 질문은 할 수 없습니다.

5. **답안을 잘못 표기하였을 경우에는 답안지를 교체하여 작성**하거나 **수정할 수 있으며**, 표기한 답안을 수정할 때는 **응시자 본인이 가져온 수정테이프만을 사용**하여 해당 부분을 완전히 지우고 부착된 수정테이프가 떨어지지 않도록 손으로 눌러주어야 합니다. **(수정액 또는 수정스티커 등은 사용 불가)**
   - **불량한 수정테이프의 사용과 불완전한 수정처리로 발생하는 모든 문제는 응시자 본인에게 책임이 있습니다.**

6. **시험시간 관리의 책임은 응시자 본인에게 있습니다.**
   ※ 문제책은 시험종료 후 가지고 갈 수 있습니다.

정답공개 및 가산점 등록 안내

1. 정답공개 및 이의제기: 소방청119고시(119gosi.kr)
   - 구체적인 이의제기 방법은 정답가안 공개 시 공지 예정
2. 가산점 등록방법: 소방청119고시(119gosi.kr) → [원서접수 → 가산점 등록 / 확인]

소방관계법규: 나

소방관계법규

문 1. 「소방기본법」 및 같은 법 시행규칙상 119종합상황실의 설치와 운영에 관한 사항으로 옳지 않은 것은?
① 소방본부에 설치하는 119종합상황실에는 「지방자치단체에 두는 국가공무원의 정원에 관한 법률」에도 불구하고 대통령령으로 정하는 바에 따라 경찰공무원을 둘 수 있다.
② 연면적 1만제곱미터 이상인 공장에서 화재가 발생하는 때에는 그 사실을 지체 없이 서면·팩스 또는 컴퓨터통신 등으로 소방서의 종합상황실의 경우는 소방본부의 종합상황실에, 소방본부의 종합상황실의 경우는 소방청의 종합상황실에 각각 보고해야 한다.
③ 종합상황실은 소방청과 특별시·광역시·특별자치시·도 또는 특별자치도(이하 "시·도"라 한다)의 소방본부 및 소방서에 각각 설치·운영하여야 한다.
④ 119종합상황실의 설치·운영에 필요한 사항은 행정안전부령으로 정한다.

문 2. 「소방기본법」 및 같은 법 시행령, 시행규칙상 소방용수시설 및 비상소화장치에 관한 사항으로 옳은 것은?
① 「수도법」 제45조에 따라 소화전을 설치하는 일반수도사업자는 관할 소방서장과 사전협의를 거친 후 소화전을 설치하여야 하며, 설치 사실을 관할 시·도지사에게 통지하고, 그 소화전을 유지·관리하여야 한다.
② 시·도지사는 「화재의 예방 및 안전관리에 관한 법률」 제18조 제1항에 따라 지정된 화재경계지구에 비상소화장치를 설치하고 유지·관리할 수 있다.
③ 소방서장은 설치된 소방용수시설에 대하여 소방용수표지를 보기 쉬운 곳에 설치하여야 한다.
④ 소방청장, 소방본부장 또는 소방서장은 원활한 소방활동을 위하여 설치된 소방용수시설에 대한 조사를 월 1회 이상 실시하여야 한다.

문 3. 다음은 「소방기본법 시행규칙」상 소방지원활동 등의 기록관리에 관한 사항이다. ( ) 안에 들어갈 말로 옳은 것은?

- (ㄱ)은 소방지원활동 및 생활안전활동을 한 경우 소방지원활동등 기록지에 해당 활동상황을 상세히 기록하고, 소속 (ㄴ)에 (ㄷ)간 보관해야 한다.
- (ㄹ)은 소방지원활동등의 상황을 종합하여 (ㅁ) 소방청장에게 보고해야 한다.

	(ㄱ)	(ㄴ)	(ㄷ)	(ㄹ)	(ㅁ)
①	소방대장	소방관서	3년	소방본부장	연 2회
②	소방대장	소방본부	2년	소방본부장	연 1회
③	소방대원	소방관서	3년	소방본부장	연 2회
④	소방대원	소방본부	3년	소방서장	연 2회

문 4. 「소방기본법」상 관계인의 소방활동 등 및 자체소방대의 설치·운영 등에 관한 사항으로 옳지 않은 것은?
① 관계인은 화재를 진압하거나 구조·구급 활동을 하기 위하여 상설 조직체(「위험물안전관리법」 제19조 및 그 밖의 다른 법령에 따라 설치된 자체소방대를 포함하며, 이하 이 조에서 "자체소방대"라 한다)를 설치·운영할 수 있다.
② 소방청장, 소방본부장 또는 소방서장은 자체소방대의 역량 향상을 위하여 필요한 교육·훈련 등을 지원할 수 있다.
③ 관계인은 소방대상물에 화재, 재난·재해, 그 밖의 위급한 상황이 발생한 경우에는 소방대가 현장에 도착할 때까지 경보를 울리거나 대피를 유도하는 등의 방법으로 사람을 구출하는 조치 또는 불을 끄거나 불이 번지지 아니하도록 필요한 조치를 하여야 한다.
④ 소방청장, 소방본부장 또는 소방서장은 정당한 사유 없이 법을 위반하여 화재, 재난·재해, 그 밖의 위급한 상황을 소방본부, 소방서 또는 관계 행정기관에 알리지 않은 관계인에게는 500만원 이하의 과태료를 부과한다.

문 5. 「소방기본법」상 한국소방안전원에 관한 사항으로 옳지 않은 것은?
① 소방기술과 안전관리기술의 향상 및 홍보, 그 밖의 교육·훈련 등 행정기관이 위탁하는 업무의 수행과 소방 관계 종사자의 기술 향상을 위하여 한국소방안전원을 소방청장의 인가를 받아 설립한다.
② 안전원은 화재 예방과 안전관리의식 고취를 위한 대국민 홍보 등의 업무를 수행한다.
③ 「위험물안전관리법」에 따라 위험물안전관리자로 선임되거나 채용된 사람은 안전원의 회원이 될 수 없다.
④ 안전원에 임원으로 원장 1명을 포함한 9명 이내의 이사와 1명의 감사를 둔다.

문 6. 「소방기본법」 및 같은 법 시행령상 손실보상에 관한 사항으로 옳지 않은 것은?
① 소방청장 또는 시·도지사는 소방기관 또는 소방대의 적법한 소방업무 또는 소방활동으로 인하여 손실을 입은 자에게 손실보상심의위원회의 심사·의결에 따라 정당한 보상을 하여야 한다.
② 소방청장 또는 시·도지사는 손실보상청구사건을 심사·의결하기 위하여 필요한 경우 손실보상심의위원회를 구성·운영할 수 있다.
③ 소방청장 또는 시·도지사는 손실보상심의위원회의 구성 목적을 달성하였다고 인정하는 경우에는 손실보상심의위원회를 해산할 수 있다.
④ 보상위원회는 위원장 1명을 포함하여 5명 이상 9명 이하의 위원으로 구성한다. 다만, 청구금액이 500만원 이하인 사건에 대해서는 소속 소방공무원 3명으로만 구성할 수 있다.

문 7. 「소방의 화재조사에 관한 법률」 및 같은 법 시행령상 화재조사에 관한 사항으로 옳지 않은 것은?
① 소방서장은 화재발생 사실을 알게 된 때에는 지체 없이 화재조사를 하여야 한다. 이 경우 수사기관의 범죄수사에 지장을 주어서는 아니 된다.
② 소방본부장은 화재조사를 하는 경우 소방시설 등의 설치·관리 및 작동 여부에 관한 사항에 대하여 조사하여야 한다.
③ 화재조사는 현장출동 중 조사, 화재현장 조사, 정밀조사, 화재조사 결과 보고의 절차에 따라 실시한다.
④ 소방청장은 화재조사를 하는 경우 「산림보호법」 제42조에 따른 산불 조사 등 다른 법률에 따른 화재 관련 조사가 원활히 수행될 수 있도록 주관해야 한다.

문 8. 「소방의 화재조사에 관한 법률 시행규칙」상 소방관서장이 화재조사의 결과를 공표할 때 포함시켜야 하는 사항을 모두 고른 것은?

> ㄱ. 화재발생건축물과 구조물, 화재유형별 화재위험성 등에 관한 사항
> ㄴ. 화재원인에 관한 사항
> ㄷ. 대응활동에 관한 사항
> ㄹ. 화재로 인한 인명·재산피해에 관한 사항

① ㄴ, ㄹ
② ㄱ, ㄴ, ㄹ
③ ㄴ, ㄷ, ㄹ
④ ㄱ, ㄴ, ㄷ, ㄹ

문 9. 「소방의 화재조사에 관한 법률」상 감정기관의 지정·운영 등에 관한 내용으로 옳지 않은 것은?
① 소방청장은 과학적이고 전문적인 화재조사를 위하여 대통령령으로 정하는 시설과 전문인력 등 지정기준을 갖춘 기관을 화재감정기관으로 지정·운영하여야 한다.
② 소방청장은 지정된 감정기관에서의 과학적 조사·분석 등에 소요되는 비용의 전부 또는 일부를 지원할 수 있다.
③ 소방청장은 감정기관으로 지정받은 자가 거짓이나 그 밖의 부정한 방법으로 지정을 받은 경우에는 그 지정을 취소할 수 있다.
④ 소방청장은 감정기관의 지정을 취소하려면 청문을 하여야 한다.

문 10. 「소방시설공사업법」상 이 법에서 사용하는 용어의 뜻이 옳은 것은?
① 소방시설업 중 소방시설공사업이란 설계도서에 따라 소방시설을 신설, 증설, 개설, 이전 및 정비(이하 "시공"이라 한다)하는 영업을 말한다.
② 소방시설업자란 소방시설업을 경영하기 위하여 소방시설관리업을 등록한 자를 말한다.
③ 감리원이란 소방시설업과 소방시설 설치 및 관리에 관한 법률」에 따른 소방시설관리업의 기술인력으로 등록된 사람을 말한다.
④ 발주자란 수급인으로서 도급받은 공사를 하도급하는 자를 말한다.

문 11. 「소방시설공사업법」상 소방시설업자가 소방시설공사등을 맡긴 특정소방대상물의 관계인에게 지체 없이 그 사실을 알려야 하는 경우로 옳지 않은 것은?
① 휴업한 경우
② 소방시설업자의 지위를 승계한 경우
③ 소방시설업의 영업정지처분을 받은 경우
④ 경고처분을 받은 경우

문 12. 「소방시설공사업법 시행령」상 착공신고 대상으로 옳은 것을 모두 고른 것은? (다만, 「위험물안전관리법」 제2조 제1항 제6호에 따른 제조소등 또는 「다중이용업소의 안전관리에 관한 특별법」 제2조 제1항 제4호에 따른 다중이용업소에서의 소방시설공사는 제외한다.)

> ㄱ. 호스릴 옥내소화전설비를 신설하는 공사
> ㄴ. 스프링클러설비등을 신설하는 공사
> ㄷ. 연소방지설비를 신설하는 공사
> ㄹ. 화재알림설비를 신설하는 공사
> ㅁ. 옥외소화전설비를 증설하는 공사
> ㅂ. 제연설비의 제연구역을 증설하는 공사

① ㄱ, ㄷ, ㄹ, ㅂ
② ㄴ, ㄷ, ㅁ, ㅂ
③ ㄴ, ㄷ, ㄹ, ㅁ, ㅂ
④ ㄱ, ㄴ, ㄷ, ㄹ, ㅁ, ㅂ

문 13. 「소방시설공사업법」상 감리업자가 소방공사의 감리를 마쳤을 때에 그 감리 결과를 통보해야 하는 자로 옳지 않은 것은?
① 소방본부장이나 소방서장
② 특정소방대상물의 관계인
③ 소방시설공사의 하수급인
④ 특정소방대상물의 공사를 감리한 건축사

문 14. 「소방시설공사업법」 및 같은 법 시행령상 공사대금의 지급보증 등에 관한 사항으로 옳지 않은 것은?
① 발주자는 공사대금의 지급보증 또는 담보 제공을 하기 곤란한 경우에는 수급인이 그에 상응하는 보험 또는 공제에 가입할 수 있도록 계약의 이행보증을 받은 날부터 10일 이내에 보험료 또는 공제료를 지급하여야 한다.
② 발주자 및 수급인은 공사 1건의 도급금액이 1천만원 미만인 소규모 소방시설공사의 경우 계약이행의 보증이나 공사대금의 지급보증, 담보의 제공 또는 보험료등의 지급 아니할 수 있다.
③ 발주자가 공사대금의 지급보증, 담보의 제공 또는 보험료등의 지급을 하지 아니한 때에는 수급인은 10일 이내 기간을 정하여 발주자에게 그 이행을 촉구하고 공사를 중지할 수 있다.
④ 수급인이 공사를 중지하거나 도급계약을 해지한 경우에는 발주자는 수급인에게 공사 중지나 도급계약의 해지에 따라 발생하는 손해배상을 청구하지 못한다.

문 15. 「소방시설공사업법」상 소방기술자에 관한 사항으로 옳지 않은 것은?
① 소방청장은 자격수첩 또는 경력수첩을 발급받은 사람이 거짓이나 그 밖의 부정한 방법으로 자격수첩 또는 경력수첩을 발급받은 경우에는 그 자격을 취소하여야 한다.
② 자격이 취소된 사람은 취소된 날부터 1년간 자격수첩 또는 경력수첩을 발급받을 수 없다.
③ 소방청장은 소방기술자를 육성하고 소방기술자의 전문기술능력 향상을 위하여 소방기술자와 제28조에 따라 소방기술과 관련된 자격·학력 및 경력을 인정받으려는 사람의 양성·인정 교육훈련을 실시할 수 있다.
④ 소방청장은 전문적이고 체계적인 소방기술자 양성·인정 교육훈련을 위하여 소방기술자 양성·인정 교육훈련기관을 지정할 수 있다.

문 16. 「소방시설공사업법」상 청문을 하여야 하는 사항으로 옳지 않은 것은?
① 방염처리업의 등록취소처분
② 소방시설설계업의 영업정지처분
③ 소방기술인정 자격취소처분
④ 소방시설관리업의 등록취소처분

문 17. 「화재의 예방 및 안전관리에 관한 법률」 및 같은 법 시행규칙상 실태조사에 관한 사항으로 옳은 것은?
① 소방청장 또는 시·도지사는 기본계획 및 시행계획의 수립·시행에 필요한 기초자료를 확보하기 위하여 실태조사를 할 수 있다.
② 관계 중앙행정기관의 장의 요청이 있는 때에는 합동으로 실태조사를 할 수 있다.
③ 소방청장 또는 시·도지사는 실태조사를 하는 경우 소방대상물의 소방시설등 설치·관리 현황에 대해 실태조사를 할 수 있다.
④ 소방청장 또는 시·도지사는 실태조사를 전문연구기관·단체나 관계 전문가에게 의뢰하여 실시할 수 있다.

문 18. 「화재의 예방 및 안전관리에 관한 법률」 및 같은 법 시행령상 화재안전조사단 및 화재안전조사위원회에 관한 사항으로 옳지 않은 것은?
① 소방관서장은 화재안전조사를 효율적으로 수행하기 위하여 대통령령으로 정하는 바에 따라 소방청에는 중앙화재안전조사단을, 소방본부 및 소방서에는 지방화재안전조사단을 편성하여 운영할 수 있다.
② 중앙화재안전조사단은 단장을 포함하여 60명 이내의 단원으로 성별을 고려하여 구성한다.
③ 소방관서장은 화재안전조사의 대상을 객관적이고 공정하게 선정하기 위하여 필요한 경우 화재안전조사위원회를 구성하여 화재안전조사의 대상을 선정할 수 있다.
④ 화재안전조사위원회의 위원이 위원회의 제척 사유에 해당하는 경우에는 스스로 해당 안건의 심의·의결에서 회피(回避)해야 한다.

문 19. 「화재의 예방 및 안전관리에 관한 법률 시행령」상 보일러 등의 설비 또는 기구 등의 위치·구조 및 관리와 화재예방을 위하여 불을 사용할 때 지켜야 하는 사항으로 옳은 것은?
① 경유·등유 등 액체연료를 사용하는 경우 연료탱크는 보일러 본체로부터 보행거리 0.5m 이상의 간격을 두어 설치하여야 한다.
② 화목(火木) 등 고체연료를 사용하는 경우 연통의 배출구는 보일러 본체보다 1m 이상 높게 설치하여야 한다.
③ 용접 또는 용단 작업장에서는 용접 또는 용단 작업장 주변 반경 5미터 이내에 소화기를 갖추어 두어야 한다. 다만, 「산업안전보건법」 제38조의 적용을 받는 사업장에는 적용하지 않는다.
④ 음식조리를 위하여 설치하는 설비가 설치된 장소에는 소화기 1개 이상을 갖추어 두어야 한다.

문 20. 「화재의 예방 및 안전관리에 관한 법률」 및 같은 법 시행령상 화재예방강화지구 및 화재의 예방 등에 대한 지원의 사항으로 옳지 않은 것은?
① 시·도지사는 「물류시설의 개발 및 운영에 관한 법률」 제2조 제6호에 따른 물류단지를 화재예방강화지구로 지정하여 관리할 수 있다.
② 소방관서장은 화재안전조사를 한 결과 화재의 예방강화를 위하여 필요하다고 인정할 때에는 관계인에게 소화기구, 소방용수시설 또는 그 밖에 소방에 필요한 설비(이하 "소방설비등"이라 한다)의 설치(보수, 보강을 포함한다. 이하 같다)를 명할 수 있다.
③ 소방관서장은 화재예방강화지구 안의 관계인에 대하여 소방에 필요한 훈련 및 교육을 연 1회 이상 실시할 수 있다.
④ 소방관서장은 소방설비등의 설치를 명하는 경우 해당 관계인에게 소방설비등의 설치에 필요한 지원을 할 수 있다.

문 21. 「화재의 예방 및 안전관리에 관한 법률 시행령」상 선임해야 하는 소방안전관리자의 자격 기준이 다른 것은?
① 가연성 가스를 3천톤 저장하는 시설
② 지하 5층, 지상 40층인 층당 높이 5m인 아파트
③ 지하 5층, 지상 25층인 복합건축물
④ 지상 20층인 복합건축물로 각 층당 바닥면적 5천㎡인 복합건축물

문 22. 「화재의 예방 및 안전관리에 관한 법률 시행규칙」상 자위소방대 및 초기대응체계의 구성·운영 및 교육 등에 관한 사항으로 옳지 않은 것은?
① 소방안전관리대상물의 소방안전관리자는 연 1회 이상 자위소방대를 소집하여 그 편성 상태 및 초기대응체계를 점검하고, 편성된 근무자에 대한 소방교육을 실시해야 한다.
② 소방본부장 또는 소방서장은 소방교육을 소방훈련과 병행하여 실시할 수 있다.
③ 소방안전관리대상물의 소방안전관리자는 소방교육을 실시하였을 때는 그 실시 결과를 자위소방대 및 초기대응체계 교육·훈련 실시 결과 기록부에 기록하고, 교육을 실시한 날부터 2년간 보관해야 한다.
④ 소방청장은 자위소방대의 구성·운영 및 교육, 초기대응체계의 편성·운영 등에 필요한 지침을 작성하여 배포할 수 있으며, 소방본부장 또는 소방서장은 소방안전관리대상물의 소방안전관리자가 해당 지침을 준수하도록 지도할 수 있다.

문 23. 「화재의 예방 및 안전관리에 관한 법률」 및 같은 법 시행령, 시행규칙상 소방안전관리대상물 근무자 및 거주자 등에 대한 소방훈련 등에 관한 사항으로 옳은 것은?
① 소방본부장 또는 소방서장은 소방안전관리대상물 중 불특정 다수인이 이용하는 대통령령으로 정하는 특정소방대상물의 근무자등에게 불시에 소방훈련과 교육을 실시할 수 있다.
② 소방안전관리대상물 중 소방안전관리업무의 전담이 필요한 대통령령으로 정하는 소방안전관리대상물의 관계인은 소방훈련 및 교육을 한 날부터 14일 이내에 소방훈련 및 교육 결과를 행정안전부령으로 정하는 바에 따라 소방본부장 또는 소방서장에게 제출하여야 한다.
③ 소방안전관리대상물의 관계인은 소방훈련 및 교육을 실시한 날부터 10일 이내에 소방훈련·교육 실시 결과서를 작성하여 소방본부장 또는 소방서장에게 제출해야 한다.
④ 의료시설, 교육연구시설, 노유자시설, 소방관서장이 소방훈련·교육이 필요하다고 인정하는 특정소방대상물은 불시 소방훈련·교육의 대상에 해당한다.

문 24. 「화재의 예방 및 안전관리에 관한 법률」 및 같은 법 시행규칙상 화재예방안전진단에 관한 사항으로 옳지 않은 것은?
① 자위소방대의 교육훈련에 관한 사항은 화재예방안전진단의 범위에 해당한다.
② 화재예방안전진단을 실시한 안전원 또는 진단기관은 화재예방안전진단이 완료된 날부터 60일 이내에 소방본부장 또는 소방서장, 관계인에게 화재예방안전진단 결과 보고서(전자문서를 포함한다)에 서류(전자문서를 포함한다)를 첨부하여 제출해야 한다.
③ 소방본부장 또는 소방서장은 제출받은 화재예방안전진단 결과에 따라 보수·보강 등의 조치가 필요하다고 인정하는 경우에는 해당 소방안전 특별관리시설물의 관계인에게 보수·보강 등의 조치를 취할 것을 명할 수 있다.
④ 화재예방안전진단 업무에 종사하고 있거나 종사하였던 사람은 업무를 수행하면서 알게 된 비밀을 이 법에서 정한 목적 외의 용도로 사용하거나 다른 사람 또는 기관에 제공하거나 누설하는 경우 300만원 이하의 벌금에 처한다.

문 25. 「소방시설 설치 및 관리에 관한 법률 시행령」상 소방청장이 정하는 내진설계기준에 맞게 설치하여야 하는 소방시설을 모두 고른 것은?

ㄱ. 이산화탄소 소화설비
ㄴ. 간이스프링클러설비
ㄷ. 옥내소화전설비
ㄹ. 스프링클러설비

① ㄷ, ㄹ
② ㄱ, ㄷ, ㄹ
③ ㄴ, ㄷ, ㄹ
④ ㄱ, ㄴ, ㄷ, ㄹ

문 26. 「소방시설 설치 및 관리에 관한 법률 시행규칙」상 차량용 소화기의 설치 또는 비치 기준으로 옳은 것은?
① 승용자동차: 법 제37조 제5항에 따른 능력단위 2 이상의 소화기 1개 이상을 사용하기 쉬운 곳에 설치 또는 비치한다.
② 승차정원 16인 이상 35인 이하: 능력단위 2 이상인 소화기 2개 이상을 설치한다. 이 경우 승차정원 23인을 초과하는 승합자동차로서 너비 2.3미터를 초과하는 경우에는 운전자 좌석 부근에 가로 600밀리미터, 세로 200밀리미터 이상의 공간을 확보하고 1개 이상의 소화기를 설치한다.
③ 특수자동차(중형 이하): 능력단위 1 이상인 소화기 2개 이상을 사용하기 쉬운 곳에 설치한다.
④ 승차정원 15인 이하: 능력단위 2 이상인 소화기 1개 이상 또는 능력단위 1 이상인 소화기 2개 이상을 설치한다. 이 경우 승차정원 13인 이상 승합자동차는 운전석 또는 운전석과 옆으로 나란한 좌석 주위에 1개 이상을 설치한다.

문 27. 「소방시설 설치 및 관리에 관한 법률」 및 같은 법 시행령상 대통령령 또는 화재안전기준의 변경으로 강화된 기준을 적용할 수 있는 소방시설로 옳지 않은 것은?
① 소화기구, 유도등, 자동화재속보설비
② 공동구에 설치하는 소화기, 노유자시설에 설치하는 단독경보형감지기
③ 비상경보설비, 의료시설에 설치하는 자동화재속보설비
④ 인명구조기구, 전력 및 통신사업용 지하구에 설치하는 스프링클러설비

문 28. 「소방시설 설치 및 관리에 관한 법률」 및 같은 법 시행령상 소방청에 두는 중앙소방기술심의위원회에서 하는 심의사항으로 옳지 않은 것은?
① 소방본부장 또는 소방서장이 「위험물안전관리법」 제2조 제1항 제6호에 따른 제조소등의 시설기준 또는 화재안전기준의 적용에 관하여 기술검토를 요청하는 사항
② 연면적 10만제곱미터 이상의 특정소방대상물에 설치된 소방시설의 설계·시공·감리의 하자 유무에 관한 사항
③ 소방시설의 구조 및 원리 등에서 공법이 특수한 설계 및 시공에 관한 사항
④ 소방시설공사의 하자를 판단하는 기준에 관한 사항

문 29. 「소방시설 설치 및 관리에 관한 법률 시행령」상 방염성능기준 이상의 실내장식물 등을 설치해야 하는 특정소방대상물로만 옳게 나열된 것은?
① 의료시설, 근린생활시설 중 이용원
② 방송통신시설 중 방송국 및 촬영소, 노유자시설, 판매시설
③ 다중이용업소, 숙박시설
④ 층수가 11층 이상인 아파트, 교육연구시설 중 합숙소

문 30. 「소방시설 설치 및 관리에 관한 법률」 및 같은 법 시행령, 시행규칙상 소방시설관리업에 관한 사항으로 옳지 않은 것은?
① 소방시설등의 점검 및 관리를 업으로 하려는 자 또는 「화재의 예방 및 안전관리에 관한 법률」 제25조에 따른 소방안전관리업무의 대행을 하려는 자는 대통령령으로 정하는 업종별로 시·도지사에게 소방시설관리업 등록을 하여야 한다.
② 전문 소방시설관리업을 등록하려는 자는 기술인력을 갖춰야 하며, 주된 기술인력으로는 소방시설관리사 자격을 취득한 후 소방 관련 실무경력이 3년 이상인 사람 1명 이상, 소방시설관리사 자격을 취득한 후 소방 관련 실무경력이 1년 이상인 사람 1명 이상이 필요하다.
③ 시·도지사는 제출된 서류를 심사한 결과 첨부서류가 미비되어 있는 경우에는 10일 이내의 기간을 정하여 이를 보완하게 할 수 있다.
④ 임원 중 피성년후견인에 해당하는 사람이 있는 법인은 관리업의 등록을 할 수 없다.

문 31. 「소방시설 설치 및 관리에 관한 법률」 및 같은 법 시행령상 권한 또는 업무의 위임·위탁 등에 관한 사항으로 옳지 않은 것은?
① 소방청장은 화재안전기준 중 기술기준에 따른 관리·운영 권한을 국립소방연구원장에게 위임한다.
② 소방청장은 소방용품의 형식승인 업무를 「소방산업의 진흥에 관한 법률」 제14조에 따른 한국소방산업기술원에 위탁할 수 있다.
③ 소방청장은 제품검사 업무를 기술원 또는 전문기관에 위탁할 수 있다.
④ 소방청장은 소방시설관리사증의 발급·재발급 업무를 대통령령으로 정하는 바에 따라 「소방산업의 진흥에 관한 법률」 제14조에 따른 한국소방산업기술원에 위탁할 수 있다.

문 32. 「소방시설 설치 및 관리에 관한 법률 시행령」상 소방시설을 설치하지 않을 수 있는 특정소방대상물과 소방시설의 연결이 옳지 않은 것은?
① 음료수 공장의 세정 또는 충전을 하는 작업장: 스프링클러설비
② 농예·축산·어류양식용 시설: 자동화재탐지설비
③ 자체소방대가 설치된 제조소등에 부속된 사무실: 상수도소화용수설비
④ 불연성 물품을 저장하는 창고: 옥내소화전

문 33. 「위험물안전관리법 시행령」상 이 법에서 사용하는 용어의 뜻으로 옳은 것은?
① 황은 순도가 36중량퍼센트 이상인 것을 말하며, 순도측정을 하는 경우 순도측정에 있어서 불순물은 활석 등 불연성물질과 수분에 한한다.
② 인화성고체라 함은 고형알코올 그 밖에 1기압에서 인화점이 섭씨 40도 미만인 고체를 말한다. 다만, 도료류 그 밖의 물품에 있어서 가연성 액체량이 40중량퍼센트 이하이면서 인화점이 섭씨 40도 이상인 동시에 연소점이 섭씨 60도 이상인 것은 제외한다.
③ 제1석유류라 함은 등유, 경유 그 밖에 1기압에서 인화점이 섭씨 21도 미만인 것을 말한다.
④ 자기반응성물질이라 함은 고체 또는 액체로서 폭발의 위험성 또는 가열분해의 격렬함을 판단하기 위하여 고시로 정하는 시험에서 고시로 정하는 성질과 상태를 나타내는 것을 말하며, 위험성 유무와 등급에 따라 제1종 또는 제2종으로 분류한다.

문 34. 「위험물안전관리법」상 위험물시설의 설치 및 변경 등과 군용위험물시설의 설치 및 변경에 대한 특례에 관한 사항으로 옳지 않은 것은?
① 제조소등을 설치하고자 하는 자는 대통령령이 정하는 바에 따라 그 설치장소를 관할하는 특별시장·광역시장·특별자치시장·도지사 또는 특별자치도지사(이하 "시·도지사"라 한다)의 허가를 받아야 한다.
② 제조소등의 위치·구조 또는 설비의 변경없이 당해 제조소등에서 저장하거나 취급하는 위험물의 품명·수량 또는 지정수량의 배수를 변경하고자 하는 자는 변경하고자 하는 날의 3일 전까지 행정안전부령이 정하는 바에 따라 시·도지사에게 허가를 받아야 한다.
③ 수산용으로 필요한 난방시설을 위한 지정수량 10배의 취급소에 해당하는 경우에는 허가를 받고 제조소등을 설치하여야 한다.
④ 군사목적 또는 군부대시설을 위한 제조소등을 설치하거나 그 위치·구조 또는 설비를 변경하고자 하는 군부대의 장은 대통령이 정하는 바에 따라 미리 제조소등의 소재지를 관할하는 시·도지사와 협의하여야 한다.

문 35. 「위험물안전관리법 시행령」상 탱크안전성능검사 중 충수·수압검사를 받아야 하는 대상을 모두 고른 것은?

> ㄱ. 「고압가스 안전관리법」 제17조 제1항에 따른 특정설비에 관한 검사에 합격한 탱크
> ㄴ. 과산화수소 100kg 취급하는 탱크를 일반취급소에 설치하는 경우
> ㄷ. 등유 2,000L 저장하는 탱크를 저장소에 설치하는 경우
> ㄹ. 「산업안전보건법」 제84조 제1항에 따른 안전인증을 받은 탱크

① ㄴ
② ㄷ
③ ㄴ, ㄷ
④ ㄱ, ㄹ

문 36. 「위험물안전관리법」상 제조소등의 폐지 및 사용 중지 등에 관한 사항으로 옳지 않은 것은?

① 제조소등의 관계인은 당해 제조소등의 용도를 폐지한 때에는 행정안전부령이 정하는 바에 따라 제조소등의 용도를 폐지한 날부터 30일 이내에 시·도지사에게 신고하여야 한다.
② 제조소등의 관계인은 제조소등의 사용을 중지(경영상 형편, 대규모 공사 등의 사유로 3개월 이상 위험물을 저장하지 아니하거나 취급하지 아니하는 것을 말한다)하려는 경우에는 위험물의 제거 및 제조소등에의 출입통제 등 행정안전부령으로 정하는 안전조치를 하여야 한다.
③ 제조소등의 사용을 중지하는 기간에도 위험물안전관리자가 계속하여 직무를 수행하는 경우에는 안전조치를 아니할 수 있다.
④ 시·도지사는 신고를 받으면 제조소등의 관계인이 안전조치를 적합하게 하였는지 또는 위험물안전관리자가 직무를 적합하게 수행하는지를 확인하고 위해 방지를 위하여 필요한 안전조치의 이행을 명할 수 있다.

문 37. 「위험물안전관리법 시행령」상 소방청장이 예방규정의 이행 실태를 정기적으로 평가할 수 있는 제조소등을 모두 고른 것은?

> ㄱ. 적린 10,000kg을 취급하는 제조소
> ㄴ. 칼륨 32,000kg을 저장하는 옥내저장소
> ㄷ. 질산 300kg을 저장하는 암반탱크저장소
> ㄹ. 황 300,000kg을 저장하는 옥외저장소
> ㅁ. 황린 60,000kg을 저장하는 지하탱크저장소

① ㄴ, ㄹ
② ㄱ, ㄴ, ㄷ
③ ㄴ, ㄹ, ㅁ
④ ㄱ, ㄴ, ㄹ, ㅁ

문 38. 「위험물안전관리법」상 탱크시험자에 대하여 당해 업무를 적정하게 실시하기 위하여 필요하다고 인정하는 때에는 감독상 필요한 명령을 할 수 있는 자를 모두 나열한 것은?

① 시·도지사, 소방본부장, 소방서장
② 소방본부장, 소방서장
③ 소방청장, 시·도지사
④ 소방청장, 소방본부장, 소방서장

문 39. 「위험물안전관리법 시행규칙」상 제조소등에서의 위험물의 저장 및 취급에 관한 기준으로 옳은 것은?

① 옥외저장소에서 위험물을 수납한 용기를 선반에 저장하는 경우에는 10m를 초과하여 저장하지 아니하여야 한다.
② 제4류 위험물 중 제3석유류를 수납하는 용기만을 옥내저장소에 겹쳐 쌓는 경우에 있어서는 6m를 초과하여 용기를 겹쳐 쌓지 아니하여야 한다.
③ 보냉장치가 없는 이동저장탱크에 저장하는 아세트알데하이드등 또는 다이에틸에터등의 온도는 20℃ 이하로 유지하여야 한다.
④ 옥내저장소에서는 용기에 수납하여 저장하는 위험물의 온도가 55℃를 넘지 아니하도록 필요한 조치를 강구하여야 한다.

문 40. 「위험물안전관리법 시행규칙」상 제조소의 위치·구조 및 설비의 기준에 관한 사항으로 옳지 않은 것은?

① 옥외에서 액체위험물을 취급하는 설비의 바닥에는 바닥의 둘레에 높이 0.15m 이상의 턱을 설치하는 등 위험물이 외부로 흘러나가지 아니하도록 하여야 한다.
② 위험물(온도 20℃의 물 100g에 용해되는 양이 1g 미만인 것에 한한다)을 취급하는 설비에 있어서는 당해 위험물이 직접 배수구에 흘러들어가지 아니하도록 집유설비에 유분리장치를 설치하여야 한다.
③ 위험물을 가열하거나 냉각하는 설비 또는 위험물의 취급에 수반하여 온도변화가 생기는 설비에는 온도측정장치를 설치하여야 한다.
④ 지정수량의 10배 이상의 위험물을 취급하는 제조소(제6류 위험물을 취급하는 위험물제조소를 제외한다)에는 피뢰침(「산업표준화법」 제12조에 따른 한국산업표준 중 피뢰설비 표준에 적합한 것을 말한다. 이하 같다)을 설치하여야 한다.

제2회 실전 모의고사

| 소방관계법규 |

응시번호

성 명

문제책형

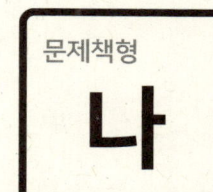
나

응시자
주의사항

1. **시험시작 전 시험문제를 열람하는 행위나 시험종료 후 답안을 작성하는 행위를 한 사람**은 공무원임용시험령 제51조에 의거 **부정행위자**로 처리됩니다.
2. **답안지 책형 표기는 시험시작 전** 감독관의 지시에 따라 **문제책 앞면에 인쇄된 문제책형을 확인한 후, 답안지 책형란에 해당 책형(1개)**을 '●'로 **표기하여야 합니다.**
3. **답안은 문제책 표지의 과목 순서에 따라 답안지에 인쇄된 순서(제1·2·3·4·5과목)에 맞추어 표기**해야 하며, 과목 순서를 바꾸어 표기한 경우에도 **문제책 표지의 과목 순서대로 채점**되므로 유의하시기 바랍니다.
4. 시험이 시작되면 문제를 주의 깊게 읽은 후, **문항의 취지에 가장 적합한 하나의 정답만을 고르며**, 문제내용에 관한 질문은 할 수 없습니다.
5. **답안을 잘못 표기하였을 경우에는 답안지를 교체하여 작성**하거나 **수정할 수 있으며**, 표기한 답안을 수정할 때는 **응시자 본인이 가져온 수정테이프만을 사용**하여 해당 부분을 완전히 지우고 부착된 수정테이프가 떨어지지 않도록 손으로 눌러주어야 합니다. **(수정액 또는 수정스티커 등은 사용 불가)**
   ■ 불량한 수정테이프의 사용과 불완전한 수정처리로 발생하는 **모든 문제는 응시자 본인에게 책임이 있습니다.**
6. **시험시간 관리의 책임은 응시자 본인에게 있습니다.**
   ※ 문제책은 시험종료 후 가지고 갈 수 있습니다.

정답공개 및
가산점 등록 안내

1. 정답공개 및 이의제기: 소방청119고시(119gosi.kr)
   ■ 구체적인 이의제기 방법은 정답가안 공개 시 공지 예정
2. 가산점 등록방법: 소방청119고시(119gosi.kr) → [원서접수 → 가산점 등록 / 확인]

소방관계법규: 나

소방관계법규

문 1. 「소방기본법」상 이 법에서 사용하는 용어의 뜻으로 옳은 것을 모두 고른 것은?

> ㄱ. 소방대상물이란 건축물, 차량, 선박(「선박법」 제1조의2 제1항에 따른 선박으로서 항구에 매어둔 선박만 해당한다), 선박 건조 구조물, 산림, 그 밖의 인공 구조물 또는 물건을 말한다.
> ㄴ. 관계지역이란 소방대상물이 있는 장소 및 그 이웃 지역으로서 화재의 예방·경계·진압, 구조·구급 등의 활동에 필요한 지역을 말한다.
> ㄷ. 소방본부장이란 특별시·광역시·특별자치시·도 또는 특별자치도에서 화재의 예방·경계·진압, 조사 및 구조·구급 등의 업무를 담당하는 부서의 장을 말한다.
> ㄹ. 소방대장이란 소방본부장 또는 소방서장 등 화재, 재난·재해, 그 밖의 위급한 상황이 발생한 현장에서 소방대를 지휘하는 사람을 말한다.

① ㄱ, ㄴ
② ㄱ, ㄴ, ㄷ
③ ㄱ, ㄷ, ㄹ
④ ㄱ, ㄴ, ㄷ, ㄹ

문 2. 「소방기본법」 및 같은 법 시행규칙상 소방박물관 등의 설립과 운영에 관한 사항으로 옳은 것은?

① 소방의 역사와 안전문화를 발전시키고 국민의 안전의식을 높이기 위하여 소방본부장 또는 소방서장은 소방박물관을, 시·도지사는 소방체험관을 설립하여 운영할 수 있다.
② 소방박물관의 설립과 운영에 필요한 사항은 대통령령으로 정하고, 소방체험관의 설립과 운영에 필요한 사항은 대통령령으로 정하는 기준에 따라 시·도의 조례로 정한다.
③ 소방청장은 소방박물관을 설립·운영하는 경우에는 소방박물관에 소방박물관장 1인과 부관장 1인을 두되, 소방박물관장과 부관장은 소방공무원 중에서 소방청장이 임명한다.
④ 소방박물관에는 그 운영에 관한 중요한 사항을 심의하기 위하여 7인 이내의 위원으로 구성된 운영위원회를 둔다.

문 3. 「소방기본법 시행규칙」상 시·도지사가 이웃하는 다른 시·도지사와 소방업무에 관하여 상호응원협정을 체결하는 경우 포함되어야 하는 사항을 모두 고른 것은?

> ㄱ. 화재의 예방·경계 또는 진압활동
> ㄴ. 구조·구급업무의 지원
> ㄷ. 화재조사활동
> ㄹ. 소방장비 및 기구의 정비와 연료의 보급
> ㅁ. 응원출동훈련 및 평가

① ㄱ, ㄴ, ㄷ
② ㄴ, ㄷ, ㄹ
③ ㄴ, ㄷ, ㄹ, ㅁ
④ ㄱ, ㄴ, ㄷ, ㄹ, ㅁ

문 4. 「소방기본법 시행령」상 소방청장이 실시하는 소방안전교육사 시험에 응시할 수 있는 자로 옳지 않은 것은?

① 소방공무원으로 1년간 근무한 사람
② 국가기술자격의 직무분야 중 위험물 중직무분야의 기능장 자격을 취득한 사람
③ 소방시설관리사 자격을 취득한 사람
④ 국가기술자격의 직무분야 중 안전관리 분야의 산업기사 자격을 취득한 후 안전관리 분야에 5년 종사한 사람

문 5. 「소방기본법」 및 같은 법 시행령, 시행규칙상 소방자동차 교통안전 분석 시스템 구축·운영에 관한 사항으로 옳지 않은 것은?

① 소방청장, 소방본부장 및 소방서장은 운행기록장치 데이터 중 과속, 급감속, 급출발 등의 운행기록을 점검·분석해야 한다.
② 소방청장, 소방본부장 및 소방서장은 소방자동차 교통안전 분석 시스템으로 처리된 자료를 이용하여 소방자동차의 장비운용자 등에게 어떠한 불리한 제재나 처벌을 하여서는 아니 된다.
③ 소방청장 또는 소방본부장은 대통령령으로 정하는 소방자동차에 행정안전부령으로 정하는 기준에 적합한 운행기록장치를 장착하고 운용하여야 한다.
④ 소방펌프차, 소방물탱크차, 구조차는 운행기록장치를 장착하고 운용하여야 한다.

문 6. 「소방기본법」상 벌칙의 상한계가 가장 큰 것은?

① 소방활동 종사명령에 따른 사람을 구출하는 일 또는 불을 끄거나 불이 번지지 아니하도록 하는 일을 방해한 사람
② 규정을 위반하여 정당한 사유 없이 물의 사용이나 수도의 개폐장치의 사용 또는 조작을 하지 못하게 하거나 방해한 자
③ 규정을 위반하여 정당한 사유 없이 소방대의 생활안전활동을 방해한 자
④ 위험시설 등에 대한 긴급조치를 정당한 사유 없이 방해한 자

문 7. 「소방의 화재조사에 관한 법률」 및 같은 법 시행규칙상 화재조사전담부서의 설치·운영 등에 관한 사항으로 옳지 않은 것은?

① 소방관서장은 전문성에 기반하는 화재조사를 위하여 화재조사전담부서를 설치·운영하여야 한다.
② 화재조사전담부서가 화재조사를 완료한 경우에는 화재조사 결과를 소방청장, 소방본부장 또는 소방서장에게 보고해야 한다.
③ 화재조사전담부서에 갖추어야 하는 화재조사 분석실의 면적은 청사 공간의 효율적 활용을 위하여 불가피한 경우 최소 기준 면적의 절반 이상에 해당하는 면적으로 조정할 수 있다.
④ 화재조사관은 소방관서장이 실시하는 화재조사에 관한 시험에 합격한 소방공무원 등 화재조사에 관한 전문적인 자격을 가진 소방공무원으로 한다.

문 8. 「소방의 화재조사에 관한 법률」 및 같은 법 시행령상 화재현장 보존 등에 관한 사항으로 옳지 않은 것은?
① 소방관서장은 화재조사를 위하여 필요한 범위에서 화재현장 보존조치를 하거나 화재현장과 그 인근 지역을 통제구역으로 설정할 수 있다.
② 방화(放火) 또는 실화(失火)의 혐의로 수사의 대상이 된 경우에는 관할 경찰서장 또는 해양경찰서장이 통제구역을 설정한다.
③ 화재현장 보존조치를 하거나 통제구역을 설정한 경우 누구든지 소방관서장 또는 경찰서장의 허가 없이 화재현장에 있는 물건 등을 이동시키거나 변경·훼손한 사람에게는 200만원 이하의 과태료를 부과한다.
④ 소방관서장이나 경찰서장은 화재조사가 완료된 경우 화재현장 보존조치나 통제구역의 설정을 지체 없이 해제해야 한다.

문 9. 「소방시설공사업법」상 소방시설업에 관한 사항으로 옳지 않은 것은?
① 특정소방대상물의 소방시설공사등을 하려는 자는 업종별로 자본금(개인인 경우에는 자산 평가액을 말한다), 기술인력 등 대통령령으로 정하는 요건을 갖추어 시·도지사에게 소방시설업을 등록하여야 한다.
② 법인의 대표자가 피성년후견인에 해당하는 경우 그 법인은 소방시설업 등록의 결격사유에 해당한다.
③ 소방시설업자는 등록한 사항 중 행정안전부령으로 정하는 중요 사항을 변경할 때에는 행정안전부령으로 정하는 바에 따라 시·도지사에게 신고하여야 한다.
④ 소방시설업의 폐업신고를 한 자가 소방시설업 등록이 말소된 후 3개월 이내에 같은 업종의 소방시설업을 다시 등록한 경우 해당 소방시설업자는 폐업신고 전 소방시설업자의 지위를 승계한다.

문 10. 「소방시설공사업법 시행규칙」상 시·도지사에게 소방시설업 등록증 또는 등록수첩의 재발급을 신청할 수 있는 사유를 모두 고른 것은?

> ㄱ. 소방시설업 등록증 또는 등록수첩을 잃어버린 경우
> ㄴ. 소방시설업 기술인력이 변경된 경우
> ㄷ. 소방시설업 등록증 또는 등록수첩의 기재란이 부족한 경우
> ㄹ. 소방시설업 등록증 또는 등록수첩이 헐어 못 쓰게 된 경우

① ㄱ, ㄹ
② ㄱ, ㄴ, ㄹ
③ ㄱ, ㄷ, ㄹ
④ ㄱ, ㄴ, ㄷ, ㄹ

문 11. 「소방시설공사업법 시행령」상 공사 현장에 소방기술자를 배치해야 하는 소방시설로만 나열된 것으로 옳지 않은 것은?
① 스프링클러설비등, 시각경보기, 통합감시시설
② 비상경보설비, 자동화재탐지설비, 옥내소화전설비
③ 화재알림설비, 무선통신보조설비, 제연설비
④ 옥외소화전설비, 비상콘센트설비, 연소방지설비

문 12. 「소방시설공사업법」 및 같은 법 시행령상 공사의 하자보수 등에 관한 사항으로 옳지 않은 것은?
① 관계인은 하자 보수 보증기간에 소방시설의 하자가 발생하였을 때에는 공사업자에게 그 사실을 알려야 하며, 통보를 받은 공사업자는 3일 이내에 하자를 보수하거나 보수 일정을 기록한 하자보수계획을 관계인에게 서면으로 알려야 한다.
② 자동화재탐지설비, 화재알림설비, 비상콘센트설비의 하자보수 보증기간은 3년이다.
③ 소방본부장이나 소방서장은 통보를 받았을 때에는 「소방시설 설치 및 관리에 관한 법률」 제18조 제2항에 따른 지방소방기술심의위원회에 심의를 요청하여야 한다.
④ 감리업자는 공사업자가 하자보수계획을 서면으로 알리지 아니한 경우에는 소방본부장이나 소방서장에게 그 사실을 알릴 수 있다.

문 13. 「소방시설공사업법」 및 같은 법 시행규칙상 소방기술자의 실무교육에 관한 사항으로 옳지 않은 것은?
① 화재 예방, 안전관리의 효율화, 새로운 기술 등 소방에 관한 지식의 보급을 위하여 소방시설업 또는 「소방시설 설치 및 관리에 관한 법률」 제29조에 따른 소방시설관리업의 기술인력으로 등록된 소방기술자는 행정안전부령으로 정하는 바에 따라 실무교육을 받아야 한다.
② 실무교육기관등의 장은 매년 1월 말까지 전년도 교육 횟수·인원 및 대상자 등 교육실적을 소방본부장 또는 소방서장에게 보고하여야 한다.
③ 소방기술자가 정하여진 교육을 받지 아니하면 그 교육을 이수할 때까지 그 소방기술자는 소방시설업 또는 「소방시설 설치 및 관리에 관한 법률」 제29조에 따른 소방시설관리업의 기술인력으로 등록된 사람으로 보지 아니한다.
④ 소방기술자는 실무교육을 2년마다 1회 이상 받아야 한다. 다만, 실무교육을 받아야 할 기간 내에 소방기술자 양성·인정 교육훈련을 받은 경우에는 해당 실무교육을 받은 것으로 본다.

문 14. 「소방시설공사업법 시행령」상 업무를 위탁하는 권한자가 다른 것은?
① 소방기술자 양성·인정 교육훈련 업무
② 소방시설업 등록신청의 접수 및 신청내용의 확인
③ 시공능력 평가 및 공시에 관한 업무
④ 소방기술과 관련된 자격·학력 및 경력의 인정 업무

문 15. 「소방시설공사업법」상 부정한 청탁을 받고 재물 또는 재산상의 이익을 취득하거나 부정한 청탁을 하면서 재물 또는 재산상의 이익을 제공한 자가 처할 수 있는 벌칙 기준은 무엇인가?
① 3년 이하의 징역 또는 3천만원 이하의 벌금
② 1년 이하의 징역 또는 1천만원 이하의 벌금
③ 300만원 이하의 벌금
④ 100만원 이하의 벌금

문 16. 「화재의 예방 및 안전관리에 관한 법률」상 이 법에서 사용하는 용어의 뜻으로 옳지 않은 것은?
① 예방이란 화재의 위험으로부터 사람의 생명·신체 및 재산을 보호하기 위하여 화재발생을 사전에 제거하거나 방지하기 위한 모든 활동을 말한다.
② 화재예방안전진단이란 화재발생 우려가 크거나 화재가 발생할 경우 피해가 클 것으로 예상되는 지역에 대하여 화재의 예방 및 안전관리를 강화하기 위해 지정·관리하는 지역을 말한다.
③ 안전관리란 화재로 인한 피해를 최소화하기 위한 예방, 대비, 대응 등의 활동을 말한다.
④ 화재안전조사란 소방청장, 소방본부장 또는 소방서장이 소방대상물, 관계지역 또는 관계인에 대하여 소방시설등이 소방 관계 법령에 적합하게 설치·관리되고 있는지, 소방대상물에 화재의 발생위험이 있는지 등을 확인하기 위하여 실시하는 현장조사·문서열람·보고요구 등을 하는 활동을 말한다.

문 17. 「화재의 예방 및 안전관리에 관한 법률 시행령」상 화재안전조사 결과에 따른 조치명령으로 인한 손실을 입은 자에게 하여야 하는 손실보상에 관한 사항으로 옳은 것은?
① 소방청장, 소방본부장 또는 소방서장은 손실을 보상하는 경우에는 시가로 보상해야 한다.
② 손실보상에 관하여는 소방청장, 소방본부장 또는 소방서과와 손실을 입은 자가 협의해야 한다.
③ 소방청장 또는 시·도지사는 보상금액에 관한 협의가 성립되지 않은 경우에는 그 보상금액을 지급하거나 공탁하고 이를 상대방에게 알려야 한다.
④ 보상금의 지급 또는 공탁의 통지에 불복하는 자는 지급 또는 공탁의 통지를 받은 날부터 14일 이내에 「공익사업을 위한 토지 등의 취득 및 보상에 관한 법률」 제49조에 따른 중앙토지수용위원회 또는 관할 지방토지수용위원회에 재결을 신청할 수 있다.

문 18. 「화재의 예방 및 안전관리에 관한 법률」 및 같은 법 시행령상 화재안전조사에 관한 사항으로 옳지 않은 것은?
① 소방관서장은 화재예방안전진단이 불성실하거나 불완전하다고 인정되는 경우 화재안전조사를 실시할 수 있다.
② 화재안전조사의 항목에는 화재의 예방조치 상황, 소방시설등의 관리 상황 및 소방대상물의 화재 등의 발생 위험과 관련된 사항이 포함되어야 한다.
③ 소방관서장은 화재안전조사를 실시하려는 경우 사전에 조사대상, 조사기간 및 조사사유 등 조사계획을 소방청, 소방본부 또는 소방서의 인터넷 홈페이지나 전산시스템을 통해 7일 이상 공개해야 한다.
④ 화재안전조사는 소방관서장의 승낙 없이 소방대상물의 공개시간 또는 근무시간 이외에는 할 수 없다.

문 19. 「화재의 예방 및 안전관리에 관한 법률」상 화재안전영향평가심의회에 관한 사항으로 옳지 않은 것은?
① 소방관서장은 화재안전영향평가에 관한 업무를 수행하기 위하여 화재안전영향평가심의회를 구성·운영할 수 있다.
② 심의회는 위원장 1명을 포함한 12명 이내의 위원으로 구성한다.
③ 소방기술사 등 대통령령으로 정하는 화재안전과 관련된 분야의 학식과 경험이 풍부한 전문가로서 소방청장이 위촉한 사람은 위원이 될 수 있다.
④ 화재안전과 관련되는 법령이나 정책을 담당하는 관계 기관의 소속 직원으로서 대통령령으로 정하는 사람은 위원이 될 수 있다.

문 20. 「화재의 예방 및 안전관리에 관한 법률 시행규칙」상 소방시설관리업을 등록한 소방시설관리업자가 소방안전관리업무를 대행하는 경우 배치해야 하는 대행인력 기준으로 옳지 않은 것은?
① 1급 소방안전관리대상물에 스프링클러설비가 설치되어있는 경우 중급점검자 1명 이상을 배치해야 한다.
② 연면적 5천제곱미터 미만으로서 물분무등소화설비가 설치된 1급 또는 2급 소방안전관리대상물의 경우에는 초급점검자를 배치할 수 있다.
③ 자동화재탐지설비가 설치된 1급 소방안전관리대상물의 경우에는 초급점검자 1명 이상을 배치해야 한다.
④ 옥외소화전설비가 설치된 3급 소방안전관리대상물의 경우에는 초급점검자 1명 이상을 배치해야 한다.

문 21. 「화재의 예방 및 안전관리에 관한 법률」 및 같은 법 시행규칙상 건설현장 소방안전관리에 관한 사항으로 옳지 않은 것은?
① 공사시공자가 화재발생 및 화재피해의 우려가 큰 대통령령으로 정하는 특정소방대상물을 신축·증축·개축·재축·이전·용도변경 또는 대수선 하는 경우에는 소방안전관리자로서 교육을 받은 사람을 소방시설공사 착공 신고일부터 건축물 사용승인일까지 소방안전관리자로 선임하고 행정안전부령으로 정하는 바에 따라 소방본부장 또는 소방서장에게 신고하여야 한다.
② 건설현장 소방안전관리대상물의 공사시공자는 같은 항에 따라 소방안전관리자를 선임한 경우에는 선임한 날부터 30일 이내에 건설현장 소방안전관리자 선임신고서에 서류(전자문서를 포함한다)를 첨부하여 소방본부장 또는 소방서장에게 신고해야 한다.
③ 소방본부장 또는 소방서장은 건설현장 소방안전관리자의 선임신고를 접수하거나 해임 사실을 확인한 경우에는 지체 없이 관련 사실을 종합정보망에 입력해야 한다.
④ 건설현장 소방안전관리대상물의 소방안전관리자는 화기취급의 감독, 화재위험작업의 허가 및 관리의 업무를 한다.

문 22. 「화재의 예방 및 안전관리에 관한 법률」 및 같은 법 시행령상 관리의 권원이 분리되어 있어 대통령령으로 정하는 바에 따라 소방안전관리자를 선임하여야 하는 대상을 모두 고른 것은?

ㄱ. 지하 2층, 지상 10층인 복합건축물
ㄴ. 지하구
ㄷ. 판매시설 중 소매시장
ㄹ. 지하가

① ㄴ, ㄷ
② ㄷ, ㄹ
③ ㄱ, ㄷ, ㄹ
④ ㄱ, ㄴ, ㄷ, ㄹ

문 23. 「화재의 예방 및 안전관리에 관한 법률」상 청문에 관한 사항으로 옳지 않은 것은?
① 소방청장 또는 시·도지사는 청문을 할 수 있다.
② 진단기관의 지정 취소처분을 하려면 청문을 하여야 한다.
③ 소방안전관리자의 자격 취소처분을 하려면 청문을 하여야 한다.
④ 진단기관의 업무 정지처분을 하려면 청문을 하여야 한다.

문 24. 「소방시설 설치 및 관리에 관한 법률 시행령」상 특정소방대상물 중 공동주택 기준으로 옳은 것을 모두 고른 것은?

ㄱ. 아파트등: 주택으로 쓰는 층수가 6층 이상인 주택
ㄴ. 연립주택: 주택으로 쓰는 1개 동의 바닥면적(2개 이상의 동을 지하주차장으로 연결하는 경우에는 각각의 동으로 본다) 합계가 $660m^2$ 이상이고, 층수가 4개 층 이하인 주택
ㄷ. 다세대주택: 주택으로 쓰는 1개 동의 바닥면적(2개 이상의 동을 지하주차장으로 연결하는 경우에는 각각의 동으로 본다) 합계가 $660m^2$ 미만이고, 층수가 4개 층 이하인 주택
ㄹ. 기숙사: 학교 또는 공장 등의 학생 또는 종업원 등을 위하여 쓰는 것으로서 1개 동의 공동취사시설 이용 세대 수가 전체의 50퍼센트 이상인 것(「교육기본법」 제27조 제2항에 따른 학생복지주택 및 「공공주택 특별법」 제2조 제1호의3에 따른 공공매입임대주택 중 독립된 주거의 형태를 갖추지 않은 것을 포함한다)

① 없음
② ㄹ
③ ㄴ, ㄷ
④ ㄱ, ㄴ, ㄷ, ㄹ

문 25. 「소방시설 설치 및 관리에 관한 법률」 및 같은 법 시행령상 소방본부장 또는 소방서장이 건축허가등의 동의 여부를 알릴 경우에는 원활한 소방활동 및 건축물 등의 화재안전성능을 확보하기 위하여 검토자료 또는 의견서를 첨부할 수 있는 사항으로 옳지 않은 것은?
① 「건축법」 제49조 제1항 및 제2항에 따른 피난시설, 방화구획
② 「건축법」 제49조 제3항에 따른 소방관 진입창
③ 소방자동차의 접근이 가능한 통로의 설치
④ 「주택건설기준 등에 관한 규정」 제26조에 따른 주택단지 안과 근처 도로의 설치

문 26. 「소방시설 설치 및 관리에 관한 법률 시행규칙」상 성능위주설계평가단의 단원이 될 수 있는 기준으로 옳지 않은 것은?
① 건축 분야 및 소방방재 분야 전문가 중 「소방시설공사업법」 제28조 제3항에 따른 고급감리원 자격을 취득한 사람으로 소방공사 현장 감리업무를 10년 이상 수행한 사람
② 소방공무원 중 소방시설관리사
③ 소방공무원 중 소방설비기사 이상의 자격을 가진 사람으로서 건축허가등의 동의 업무를 1년 이상 담당한 사람. 단, 중앙소방학교에서 실시하는 성능위주설계 관련 교육과정을 이수한 사람만을 말한다.
④ 건축 분야 및 소방방재 분야 전문가 중 건축계획, 건축구조 또는 도시계획과 관련된 업종에 종사하는 사람으로서 건축사 또는 건축구조기술사 자격을 취득한 사람

문 27. 「소방시설 설치 및 관리에 관한 법률 시행령」상 임시소방시설별로 설치해야 하는 공사의 종류와 규모에 관한 사항으로 옳지 않은 것은?
① 비상경보장치: 바닥면적이 $150m^2$ 이상인 지하층, 무창층 또는 4층 이상의 화재위험작업현장
② 가스누설경보기: 바닥면적이 $150m^2$ 이상인 지하층 또는 무창층의 화재위험작업현장
③ 방화포: 용접·용단 작업이 진행되는 화재위험작업현장
④ 간이소화장치: 바닥면적이 $600m^2$ 이상인 지하층, 무창층 또는 4층 이상의 층의 화재위험작업현장

문 28. 「소방시설 설치 및 관리에 관한 법률」 및 같은 법 시행령상 소방용품의 내용연수 등에 관한 사항으로 옳은 것은?
① 내용연수를 설정해야 하는 소방용품은 분말형태의 소화약제를 사용하는 소화설비로 한다.
② 소방용품의 내용연수는 5년으로 한다.
③ 소방본부장 또는 소방서장은 내용연수가 경과한 소방용품을 교체하여야 한다.
④ 행정안전부령으로 정하는 절차 및 방법 등에 따라 소방용품의 성능을 확인받은 경우에는 그 사용기한을 연장할 수 있다.

문 29. 「소방시설 설치 및 관리에 관한 법률 시행규칙」상 소방시설등에 대한 작동점검에 관한 사항으로 옳지 않은 것은?
① 작동점검이란 소방시설등을 인위적으로 조작하여 소방시설이 정상적으로 작동하는지를 소방청장이 정하여 고시하는 소방시설등 작동점검표에 따라 점검하는 것을 말한다.
② 「위험물안전관리법」 제2조 제6호에 따른 제조소등은 작동점검 대상에서 제외된다.
③ 관계인, 관리업에 등록된 기술인력 중 소방시설관리사, 특급점검자, 소방안전관리자로 선임된 소방시설관리사 및 소방기술사는 모든 특정소방대상물의 작동점검을 할 수 있다.
④ 작동점검은 연1회 이상 실시한다.

문 30. 「소방시설 설치 및 관리에 관한 법률」상 소방용품의 형식승인 등에 관한 사항으로 옳지 않은 것은?
① 대통령령으로 정하는 소방용품을 제조하거나 수입하려는 자는 소방청장, 소방본부장 또는 소방서장의 형식승인을 받아야 한다. 다만, 연구개발 목적으로 제조하거나 수입하는 소방용품은 그러하지 아니하다.
② 형식승인을 받으려는 자는 행정안전부령으로 정하는 기준에 따라 형식승인을 위한 시험시설을 갖추고 소방청장의 심사를 받아야 한다. 다만, 소방용품을 수입하는 자가 판매를 목적으로 하지 아니하고 자신의 건축물에 직접 설치하거나 사용하려는 경우 등 행정안전부령으로 정하는 경우에는 시험시설을 갖추지 아니할 수 있다.
③ 누구든지 형식승인을 받지 아니한 소방용품을 판매하거나 판매 목적으로 진열하거나 소방시설공사에 사용할 수 없다.
④ 하나의 소방용품에 두 가지 이상의 형식승인 사항 또는 형식승인과 성능인증 사항이 결합된 경우에는 두 가지 이상의 형식승인 또는 형식승인과 성능인증 시험을 함께 실시하고 하나의 형식승인을 할 수 있다.

문 31. 「소방시설 설치 및 관리에 관한 법률」상 벌칙 기준이 다른 것은?
① 소방용품의 형식승인을 받지 아니하고 소방용품을 제조하거나 수입한 자
② 거짓이나 그 밖의 부정한 방법으로 저품검사를 받은 자
③ 제품검사에 합격하지 아니한 제품에 합격표시를 하거나 합격표시를 위조 또는 변조하여 사용한 자
④ 소방용품의 회수·교환·폐기 또는 판매중지 명령을 받은 사실을 구매자에게 알리지 아니하거나 필요한 조치를 하지 아니한 자

문 32. 「위험물안전관리법」상에서 규정하는 사항으로 옳은 것은?
① 지정수량 이상의 위험물을 저장소가 아닌 장소에서 저장하거나 제조소등이 아닌 장소에서 취급한 자는 3년 이하의 징역 또는 3천만원 이하의 벌금에 처한다.
② 지정수량 미만인 위험물의 저장 또는 취급에 관한 기술상의 기준은 행정안전부령으로 정한다.
③ 시·도의 조례가 정하는 바에 따라 관할 소방서장의 승인을 받아 지정수량 이상의 위험물을 60일 이내의 기간동안 임시로 저장 또는 취급하는 경우에는 제조소등이 아닌 장소에서 지정수량 이상의 위험물을 취급할 수 있다.
④ 이 법은 항공기·선박·철도 및 차량에 의한 위험물의 저장·취급 및 운반에 있어서는 이를 적용하지 아니한다.

문 33. 다음은 「위험물안전관리법」상 제조소등에 관한 사항이다. ( ) 안에 들어갈 말로 옳은 것은?

- 제조소등의 설치자의 지위를 승계한 자는 (ㄱ)이 정하는 바에 따라 승계한 날부터 (ㄴ)일 이내에 시·도지사에게 그 사실을 신고하여야 한다.
- 제조소등의 관계인은 당해 제조소등의 용도를 폐지한 때에는 (ㄱ)이 정하는 바에 따라 제조소등의 용도를 폐지한 날부터 (ㄷ)일 이내에 시·도지사에게 신고하여야 한다.

	(ㄱ)	(ㄴ)	(ㄷ)
①	행정안전부령	14	14
②	행정안전부령	14	30
③	행정안전부령	30	14
④	대통령령	30	30

문 34. 「위험물안전관리법」 및 같은 법 시행령상 위험물안전관리자에 관한 사항으로 옳지 않은 것은?
① 제조소등에서 저장·취급하는 위험물이 「화학물질관리법」에 따른 유독물질에 해당하는 경우 등 대통령령이 정하는 경우에는 당해 제조소등을 설치한 자는 다른 법률에 의하여 안전관리업무를 하는 자로 선임된 자 가운데 대통령령이 정하는 자를 안전관리자로 선임할 수 있다.
② 「국가기술자격법」에 따라 위험물기능장, 위험물산업기사, 위험물기능사의 자격을 취득한 사람은 모든 위험물의 위험물취급자격자로 선임될 수 있다.
③ 안전관리자를 선임한 제조소등의 관계인은 그 안전관리자를 해임하거나 안전관리자가 퇴직한 때에는 해임하거나 퇴직한 날부터 30일 이내에 다시 안전관리자를 선임하여야 한다.
④ 제조소등의 관계인은 안전관리자를 선임 및 해임한 경우 선임한 날 또는 해임한 날부터 14일 이내에 행정안전부령으로 정하는 바에 따라 소방본부장 또는 소방서장에게 신고하여야 한다.

문 35. 「위험물안전관리법」 및 같은 법 시행령, 시행규칙상 제조소등에서의 흡연 금지에 관한 사항으로 옳지 않은 것은?
① 시·도지사는 해당 제조소등이 금연구역임을 알리는 표지를 설치하여야 한다.
② 제조소등의 관계인은 흡연장소를 지정하는 경우에는 소형수동식소화기(이에 준하는 소화설비를 포함한다)를 1개 이상 비치하는 등 화재예방 조치를 해야 한다.
③ 제조소등의 관계인은 법 제19조의2에 따라 제조소등에서 흡연장소를 지정할 필요가 있다고 인정하는 경우 흡연장소는 폭발위험장소(「산업표준화법」 제12조에 따른 한국산업표준에서 정한 폭발성 가스에 의한 폭발위험장소의 범위를 말한다) 외의 장소에 지정하는 등 위험물을 저장·취급하는 건축물, 공작물 및 기계·기구, 그 밖의 설비로부터 안전 확보에 필요한 일정한 거리를 두어야 한다.
④ 제조소에는 보기 쉬운 곳에 제조소가 금연구역임을 알리는 표지를 설치해야 한다. 표지에는 금연을 상징하는 그림 또는 문자, 위반 시 조치사항 등이 포함되어야 한다.

문 36. 「위험물안전관리법」및 시행령, 시행규칙상 위험물의 운반 및 운송에 관한 사항으로 옳지 않은 것은?
① 운반용기에 수납된 위험물을 지정수량 이상으로 차량에 적재하여 운반하는 차량의 운전자는 「국가기술자격법」에 따른 위험물 분야의 자격을 취득하여야 한다.
② 소방서장은 운반용기를 제작하거나 수입한 자 등의 신청에 따라 운반용기를 검사할 수 있다.
③ 위험물은 그 운반용기의 외부에 위험물의 품명, 수량 등을 표시하여 적재하여야 한다.
④ 알킬알루미늄, 알킬리튬을 운송하는데 있어서는 운송책임자(위험물 운송의 감독 또는 지원을 하는 자를 말한다. 이하 같다)의 감독 또는 지원을 받아 이를 운송하여야 한다.

문 37. 「위험물안전관리법 시행령」상 업무의 위탁 기준으로 옳지 않은 것은?
① 소방청장은 위험물운반자 또는 위험물운송자의 요건을 갖추려는 사람에 대한 안전교육을 안전원에 위탁한다.
② 시·도지사는 용량이 100만리터 이상인 액체위험물을 저장하는 탱크에 대한 탱크안전성능검사를 기술원에 위탁한다.
③ 시·도지사는 운반용기 검사를 기술원에 위탁한다.
④ 시·도지사는 정기검사를 기술원에 위탁한다.

문 38. 「위험물안전관리법」상 법인의 대표자나 법인 또는 개인의 대리인, 사용인, 그 밖의 종업원이 그 법인 또는 개인의 업무에 관하여 위반행위를 하게 되는 경우 그 행위자를 벌하는 외에 그 법인 또는 개인을 5천만원 이하의 벌금에 처하게 되는 양벌규정 사항으로 옳은 것은?
① 제조소등 또는 허가를 받지 않고 지정수량 이상의 위험물을 저장 또는 취급하는 장소에서 위험물을 유출·방출 또는 확산시켜 사람의 생명·신체 또는 재산에 대하여 위험을 발생시킨 경우
② 제조소등 또는 허가를 받지 않고 지정수량 이상의 위험물을 저장 또는 취급하는 장소에서 위험물을 유출·방출 또는 확산시켜 사람의 생명·신체 또는 재산에 대하여 위험을 발생시켜 사람을 상해에 이르게 한 경우
③ 제조소등 또는 허가를 받지 않고 지정수량 이상의 위험물을 저장 또는 취급하는 장소에서 위험물을 유출·방출 또는 확산시켜 사람의 생명·신체 또는 재산에 대하여 위험을 발생시켜 사람을 사망에 이르게 한 경우
④ 업무상 과실로 제조소등 또는 허가를 받지 않고 지정수량 이상의 위험물을 저장 또는 취급하는 장소에서 위험물을 유출·방출 또는 확산시켜 사람의 생명·신체 또는 재산에 대하여 위험을 발생시킨 경우

문 39. 「위험물안전관리법 시행규칙」상 제조소등에 설치하여야 하는 소화설비 중 옥내소화전설비 및 옥외소화전설비의 설치기준으로 옳은 것은?
① 옥내소화전설비 수원의 수량은 옥내소화전이 가장 많이 설치된 층의 옥내소화전 설치개수(설치개수가 5개 이상인 경우는 5개)에 7.8m²를 곱한 양 이상이 되도록 설치하여야 한다.
② 옥내소화전설비는 각층을 기준으로 하여 당해 층의 모든 옥내소화전(설치개수가 5개 이상인 경우는 5개의 옥내소화전)을 동시에 사용할 경우에 각 노즐끝부분의 방수압력이 170kPa 이상이고 방수량이 1분당 130ℓ 이상의 성능이 되도록 하여야 한다.
③ 옥외소화전은 방호대상물의 각 부분(건축물의 경우에는 당해 건축물의 1층 및 2층의 부분에 한한다)에서 하나의 호스접속구까지의 수평거리가 25m 이하가 되도록 설치하여야 한다. 이 경우 그 설치개수가 1개일 때는 2개로 하여야 한다.
④ 옥외소화전설비 수원의 수량은 옥외소화전의 설치개수(설치개수가 2개 이상인 경우는 2개의 옥외소화전)에 13.5m²를 곱한 양 이상이 되도록 설치하여야 한다.

문 40. 「위험물안전관리법 시행규칙」상 간이탱크저장소의 위치·구조 및 설비의 기준으로 옳지 않은 것은?
① 위험물을 저장 또는 취급하는 간이탱크는 옥외에 설치하여야 한다.
② 하나의 간이탱크저장소에 설치하는 간이저장탱크는 그 수를 3 이하로 하고, 동일한 품질의 위험물의 간이저장탱크를 2 이상 설치하지 아니하여야 한다.
③ 간이저장탱크는 움직이거나 넘어지지 아니하도록 지면 또는 가설대에 고정시키되, 옥외에 설치하는 경우에는 그 탱크의 주위에 너비 2m 이상의 공지를 두고, 전용실 안에 설치하는 경우에는 탱크와 전용실의 벽과의 사이에 1m 이상의 간격을 유지하여야 한다.
④ 간이저장탱크는 두께 3.2mm 이상의 강판으로 흠이 없도록 제작하여야 하며, 70kPa의 압력으로 10분간의 수압시험을 실시하여 새거나 변형되지 아니하여야 한다.

제3회 실전 모의고사

| 소방관계법규 |

응시번호

성 명

문제책형

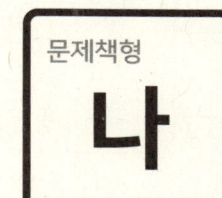

나

응시자
주의사항

1. **시험시작 전 시험문제를 열람하는 행위나 시험종료 후 답안을 작성하는 행위를 한 사람**은 공무원임용시험령 제51조에 의거 **부정행위자**로 처리됩니다.

2. **답안지 책형 표기는 시험시작 전** 감독관의 지시에 따라 **문제책 앞면에 인쇄된 문제책형을 확인**한 후, **답안지 책형란에 해당 책형(1개)**을 '●'로 **표기**하여야 합니다.

3. **답안은 문제책 표지의 과목 순서에 따라 답안지에 인쇄된 순서(제1·2·3·4·5과목)에 맞추어 표기**해야 하며, 과목 순서를 바꾸어 표기한 경우에도 **문제책 표지의 과목 순서대로 채점**되므로 유의하시기 바랍니다.

4. 시험이 시작되면 문제를 주의 깊게 읽은 후, **문항의 취지에 가장 적합한 하나의 정답만을 고르며**, 문제내용에 관한 질문은 할 수 없습니다.

5. **답안을 잘못 표기하였을 경우에는 답안지를 교체하여 작성**하거나 **수정할 수 있으며**, 표기한 답안을 수정할 때는 **응시자 본인이 가져온 수정테이프만을 사용**하여 해당 부분을 완전히 지우고 부착된 수정테이프가 떨어지지 않도록 손으로 눌러주어야 합니다. **(수정액 또는 수정스티커 등은 사용 불가)**

   ■ 불량한 수정테이프의 사용과 불완전한 수정처리로 발생하는 **모든 문제는 응시자 본인에게 책임이 있습니다.**

6. **시험시간 관리의 책임은 응시자 본인에게 있습니다.**
   ※ 문제책은 시험종료 후 가지고 갈 수 있습니다.

정답공개 및
가산점 등록 안내

1. 정답공개 및 이의제기: 소방청119고시(119gosi.kr)
   ■ 구체적인 이의제기 방법은 정답가안 공개 시 공지 예정
2. 가산점 등록방법: 소방청119고시(119gosi.kr) → [원서접수 → 가산점 등록 / 확인]

소방관계법규: **나**

소방관계법규

문 1. 다음은 「소방기본법」 및 같은 법 시행규칙상 소방정보통신망 구축·운영에 관한 사항이다. (   ) 안에 들어갈 것으로 알맞은 것은?

- (ㄱ)는 119종합상황실 등의 효율적 운영을 위하여 소방정보통신망을 구축·운영할 수 있다.
- 소방정보통신망의 구축 및 운영에 필요한 사항은 (ㄴ)으로 정한다.
- (ㄱ)는 소방정보통신망이 안정적으로 운영될 수 있도록 (ㄷ) 이상 소방정보통신망을 주기적으로 점검·관리해야 한다.

	(ㄱ)	(ㄴ)	(ㄷ)
①	소방청장 및 시·도지사	행정안전부령	연 1회
②	소방청장 및 시·도지사	대통령령	연 1회
③	소방청장, 소방본부장 또는 소방서장	행정안전부령	연 1회
④	소방청장, 소방본부장 또는 소방서장	대통령령	월 1회

문 2. 「소방기본법」상 소방력의 기준 등과 소방장비 등에 대한 국고보조에 관한 사항으로 옳은 것은?
① 소방기관이 소방업무를 수행하는 데에 필요한 소방력에 관한 기준은 대통령령으로 정한다.
② 소방청장은 소방력의 기준에 따라 관할구역의 소방력을 확충하기 위하여 필요한 계획을 수립하여 시행하여야 한다.
③ 국가는 소방장비의 구입 등 시·도의 소방업무에 필요한 경비의 일부를 보조한다.
④ 소방자동차 등 소방장비의 분류·표준화와 그 관리 등에 필요한 사항은 행정안전부령으로 정한다.

문 3. 「소방기본법」 및 같은 법 시행규칙상 소방신호에 관한 사항으로 옳지 않은 것은?
① 화재예방, 소방활동 또는 소방훈련을 위하여 사용되는 소방신호의 종류와 방법은 행정안전부령으로 정한다.
② 발화신호란 화재가 발생하거나 「화재의 예방 및 안전관리에 관한 법률」 제20조의 규정에 의한 화재위험경보시 발령하는 것을 말한다.
③ 훈련신호를 싸이렌신호로 하는 경우 10초 간격을 두고 1분씩 3회로 한다.
④ 게시판을 철거하거나 통풍대 또는 기를 내리는 것으로 소방활동이 해제되었음을 알린다.

문 4. 「소방기본법」 및 같은 법 시행령상 화재 등의 통지에 관한 사항으로 옳지 않은 것은?
① 화재 현장 또는 구조·구급이 필요한 사고 현장을 발견한 사람은 그 현장의 상황을 소방본부, 소방서 또는 관계 행정기관에 지체 없이 알려야 한다.
② 위험물의 저장 및 처리시설이 밀집한 지역에서 화재로 오인할 만한 우려가 있는 불을 피우거나 연막 소독을 하려는 자는 시·도의 조례로 정하는 바에 따라 관할 소방본부장 또는 소방서장에게 신고하여야 한다.
③ 규정을 위반하여 최근 1년간 화재 또는 구조·구급이 필요한 상황을 거짓으로 알린 것이 2회 누적된 자에게는 400만원의 과태료를 부과하여야 한다.
④ 행정안전부령으로 정하는 지역 또는 장소에서 화재로 오인할 만한 우려가 있는 불을 피우거나 연막 소독을 하려는 자는 시·도의 조례로 정하는 바에 따라 관할 소방본부장 또는 소방서장에게 신고하여야 한다.

문 5. 「소방기본법」 및 같은 법 시행령상 소방자동차 전용구역 등에 관한 사항으로 옳은 것은?
① 「건축법 시행령」 별표 1 제2호 가목의 아파트 중 세대수가 300세대 이상인 아파트의 건축주는 제16조 제1항에 따른 소방활동의 원활한 수행을 위하여 공동주택에 소방자동차 전용구역을 설치하여야 한다.
② 하나의 대지에 하나의 동으로 구성되고 「도로교통법」 제32조 또는 제33조에 따라 정차 또는 주차가 금지된 편도 2차선 이상의 도로에 직접 접하여 소방자동차가 도로에서 직접 소방활동이 가능한 공동주택은 제외한다.
③ 공동주택의 건축주는 소방자동차가 접근하기 쉽고 소방활동이 원활하게 수행될 수 있도록 각 동별 전면과 후면 각각 소방자동차 전용구역을 1개소 이상 설치해야 한다.
④ 전용구역 노면표지의 외곽선은 빗금무늬로 표시하되, 빗금은 두께를 50센티미터로 하여 30센티미터 간격으로 표시한다.

문 6. 「소방기본법」상 소방활동 종사 명령에 관한 사항으로 옳지 않은 것은?
① 소방본부장, 소방서장 또는 소방대장은 화재, 재난·재해, 그 밖의 위급한 상황이 발생한 현장에서 소방활동을 위하여 필요할 때에는 그 관할구역에 사는 사람 또는 그 현장에 있는 사람으로 하여금 사람을 구출하는 일 또는 불을 끄거나 불이 번지지 아니하도록 하는 일을 하게 할 수 있다.
② 소방본부장, 소방서장 또는 소방대장은 소방활동에 필요한 보호장구를 지급하는 등 안전을 위한 조치를 하여야 한다.
③ 소방대상물에 화재, 재난·재해, 그 밖의 위급한 상황이 발생한 경우 그 관계인은 소방활동에 종사하더라도 시·도지사로부터 소방활동의 비용을 지급받을 수 없다.
④ 소방활동 종사명령으로 사망하거나 부상을 입은 자에게 시·도지사 또는 소방본부장, 소방서장은 손실보상 하여야 한다.

문 7. 「소방의 화재조사에 관한 법률」상 이 법에서 사용하는 용어의 뜻으로 옳지 않은 것은?
① "화재"란 사람의 의도에 반하거나 고의 또는 과실에 의하여 발생하는 연소 현상으로서 소화할 필요가 있는 현상 또는 사람의 의도에 반하여 발생하거나 확대된 화학적 폭발현상을 말한다.
② "화재조사"란 소방청장, 소방본부장 또는 소방서장이 화재원인, 피해상황, 대응활동 등을 파악하기 위하여 자료의 수집, 관계인등에 대한 질문, 현장 확인, 감식, 감정 및 실험 등을 하는 일련의 행위를 말한다.
③ "화재조사관"이란 화재조사에 전문성을 인정받아 화재조사를 수행하는 소방 전문가를 말한다.
④ "관계인등"이란 화재가 발생한 소방대상물의 소유자·관리자 또는 점유자 및 소화활동을 행하거나 인명구조활동(유도대피 포함)에 관계된 사람 등을 말한다.

문 8. 「소방의 화재조사에 관한 법률 시행령」상 소방청장이 국가화재정보시스템에 수집·관리해야 하는 화재정보로 옳지 않은 것은?
① 관계 기관 등의 협조에 관한 사항
② 소방시설 등의 설치·관리 및 작동 여부에 관한 사항
③ 화재피해상황
④ 화재예방과 소방활동에 활용할 수 있는 정보

문 9. 「소방의 화재조사에 관한 법률」상 벌칙 기준이 다른 것은?
① 허가 없이 화재현장에 있는 물건 등을 이동시키거나 변경·훼손한 사람
② 명령을 위반하여 보고 또는 자료 제출을 하지 아니하거나 거짓으로 보고 또는 자료를 제출한 사람
③ 화재조사관의 출입 또는 조사를 거부·방해 또는 기피한 사람
④ 증거물 수집을 거부·방해 또는 기피한 사람

문 10. 「소방시설공사업법 시행규칙」상 영업정지를 갈음하여 과징금을 부과할 수 있는 경우로 옳은 것은?
① 소속 감리원을 공사현장에 배치하지 아니하거나 거짓으로 한 경우
② 다른 자에게 자기의 성명이나 상호를 사용하여 소방시설공사등을 수급 또는 시공하게 하거나 소방시설업의 등록증 또는 등록수첩을 빌려준 경우
③ 관계인이 공사감리자를 변경하였을 때 새로 지정된 공사감리자에게 인수·인계를 거부·방해·기피한 경우
④ 사업수행능력 평가에 관한 서류를 위조하거나 변조하는 등 거짓이나 그 밖의 부정한 방법으로 입찰에 참여한 경우

문 11. 「소방시설공사업법 시행령」상 완공검사를 위한 현장확인 대상 특정소방대상물의 범위로 옳지 않은 것은?
① 수련시설, 운수시설, 숙박시설, 창고시설, 지하상가
② 스프링클러설비등이 설치되는 특정소방대상물
③ 11층 이상인 특정소방대상물(아파트 제외)
④ 가연성가스를 제조·저장 또는 취급하는 시설 중 지상에 노출된 가연성가스탱크의 저장용량 합계가 1천톤 이상인 시설

문 12. 「소방시설공사업법」 및 같은 법 시행령상 감리에 관한 사항으로 옳지 않은 것은?
① 연면적 3만제곱미터 이상의 특정소방대상물(아파트는 제외한다)에 대한 소방시설의 공사는 상주공사감리의 현장 대상이다.
② 상주공사감리 현장의 감리원이 행정안전부령으로 정하는 기간 중 부득이한 사유로 14일 이상 현장을 이탈하는 경우에는 감리일지 등에 기록하여 발주청 또는 발주자의 확인을 받아야 한다.
③ 감리는 소방시설등 설계 변경 사항의 적합성 검토 등의 업무를 수행하여야 한다.
④ 일반공사감리 현장의 감리원은 행정안전부령으로 정하는 기간 중에는 주 1회 이상 공사 현장에 배치되어 감리의 업무를 수행하고 감리일지에 기록해야 한다.

문 13. 「소방시설공사업법 시행령」상 공사감리자 지정대상 특정소방대상물의 범위로 옳은 것을 모두 고른 것은?

ㄱ. 자동화재탐지설비를 신설 또는 개설할 때
ㄴ. 통합감시시설을 신설 또는 개설할 때
ㄷ. 화재알림설비를 신설·개설하거나 경계구역을 증설할 때
ㄹ. 비상콘센트설비를 신설·개설하거나 전용회로를 증설할 때
ㅁ. 연소방지설비를 신설·개설하거나 살수구역을 증설할 때

① ㄱ, ㄴ, ㄷ
② ㄱ, ㄷ, ㄹ
③ ㄱ, ㄴ, ㄹ, ㅁ
④ ㄱ, ㄴ, ㄷ, ㄹ, ㅁ

문 14. 「소방시설공사업법」상 도급 등에 관한 사항으로 옳지 않은 것은?
① 소방시설공사는 다른 업종의 공사와 분리하여 도급하여야 한다. 다만, 공사의 성질상 또는 기술관리상 분리하여 도급하는 것이 곤란한 경우로서 대통령령으로 정하는 경우에는 다른 업종의 공사와 분리하지 아니하고 도급할 수 있다.
② 공사업자가 도급받은 소방시설공사의 도급금액 중 그 공사(하도급한 공사를 포함한다)의 근로자에게 지급하여야 할 임금에 해당하는 금액은 압류할 수 없다.
③ 국가, 지방자치단체 또는 대통령령으로 정하는 공공기관은 소방시설업자가 부정한 청탁에 의한 재물 등의 취득 및 제공 금지 규정을 위반한 사실을 발견하면 소방청장 또는 시·도지사가 그 등록을 취소하거나 6개월 이내의 기간을 정하여 그 영업의 정지를 명할 수 있도록 그 사실을 소방청장 또는 시·도지사에게 통보하여야 한다.
④ 하수급인은 하도급받은 소방시설공사를 제3자에게 다시 하도급할 수 없다.

문 15. 「소방시설공사업법」상 특정소방대상물의 관계인 또는 발주자가 해당 도급계약의 수급인과 도급계약을 해지할 수 있는 경우를 모두 고른 것은?

ㄱ. 소방시설업이 등록취소된 경우
ㄴ. 정당한 사유 없이 30일 이상 소방시설공사를 계속하지 아니하는 경우
ㄷ. 소방시설업이 영업정지된 경우
ㄹ. 하수급인 또는 하도급계약 내용의 변경 요구에 정당한 사유 없이 따르지 아니하는 경우
ㅁ. 소방시설업이 과태료 처분을 받은 경우

① ㄱ, ㄴ, ㄷ
② ㄱ, ㄴ, ㄷ, ㄹ
③ ㄱ, ㄴ, ㄷ, ㅁ
④ ㄱ, ㄴ, ㄷ, ㄹ, ㅁ

문 16. 「소방시설공사업법」상 소방시설업자협회의 업무로 옳지 않은 것은?
① 소방시설업의 기술발전과 소방기술의 진흥을 위한 조사·연구·분석 및 평가
② 소방산업의 발전 및 소방기술의 향상을 위한 지원
③ 소방기술 및 소방산업의 국제 협력을 위한 조사·연구
④ 소방시설업의 기술발전과 관련된 국제교류·활동 및 행사의 유치

문 17. 「화재의 예방 및 안전관리에 관한 법률」상 소방관서장이 화재안전조사를 실시한 경우 전부 또는 일부를 인터넷 홈페이지나 전산시스템 등을 통하여 공개할 수 있는 사항으로 옳지 않은 것은?
① 소방대상물의 위치, 연면적, 용도 등 현황
② 소방시설등의 설치 및 관리 현황
③ 소방안전관리자 선임 현황
④ 소방훈련 및 교육 현황

문 18. 「화재의 예방 및 안전관리에 관한 법률 시행령」상 소방관서장이 물건의 소유자, 관리자 또는 점유자를 알 수 없는 경우 소속 공무원으로 하여금 그 물건을 옮기거나 보관하는 등 필요한 조치를 하게 할 수 있다. 이때 옮긴 물건 등의 보관기간 및 보관기간 경과 후 처리에 관한 설명으로 옳은 것은?
① 소방관서장은 옮긴 물건 등을 보관하는 경우에는 그날부터 14일 동안 해당 소방관서의 인터넷 홈페이지에 그 사실을 공고해야 한다.
② 옮긴물건등의 보관기간은 공고기간의 종료일부터 7일까지로 한다.
③ 보관하고 있는 옮긴물건등이 부패·파손 또는 이와 유사한 사유로 정해진 용도로 계속 사용할 수 없는 경우에는 폐기하여야 한다.
④ 소방청장 또는 시·도지사는 매각되거나 폐기된 옮긴물건등의 소유자가 보상을 요구하는 경우에는 보상금액에 대하여 소유자와의 협의를 거쳐 이를 보상해야 한다.

문 19. 다음은 「화재의 예방 및 안전관리에 관한 법률 시행령」상 특수가연물 중 '가연성 고체류'에 관한 내용이다. ( ) 안에 들어갈 말로 알맞은 것은?

가. 인화점이 섭씨 (ㄱ)도 이상 100도 미만인 것
나. 인화점이 섭씨 100도 이상 200도 미만이고, 연소열량이 1그램당 (ㄴ)킬로칼로리 이상인 것
다. 인화점이 섭씨 200도 이상이고 연소열량이 1그램당 8킬로칼로리 이상인 것으로서 녹는점(융점)이 (ㄷ)도 미만인 것
라. 1기압과 섭씨 20도 초과 40도 이하에서 액상인 것으로서 인화점이 섭씨 (ㄹ)도 이상 섭씨 200도 미만이거나 나목 또는 다목에 해당하는 것

	(ㄱ)	(ㄴ)	(ㄷ)	(ㄹ)
①	20	8	100	70
②	20	4	100	40
③	40	8	100	70
④	40	4	200	40

문 20. 「화재의 예방 및 안전관리에 관한 법률 시행령」상 화재안전영향평가의 기준에 포함되어야 하는 사항으로 옳지 않은 것은?
① 법령이나 정책의 화재위험 유발요인
② 법령이나 정책이 인명피해에 미치는 영향
③ 법령이나 정책이 소방대상물의 재료, 공간, 이용자 특성 및 화재확산 경로에 미치는 영향
④ 화재위험 유발요인을 제어 또는 관리할 수 있는 법령이나 정책의 개선 방안

문 21. 「화재의 예방 및 안전관리에 관한 법률」 및 같은 법 시행규칙상 특정소방대상물의 관계인에 대한 소방안전교육에 관한 사항으로 옳지 않은 것은?
① 소방본부장이나 소방서장은 제37조를 적용받지 아니하는 특정소방대상물의 관계인에 대하여 특정소방대상물의 화재예방과 소방안전을 위하여 행정안전부령으로 정하는 바에 따라 소방안전교육을 할 수 있다.
② 소방안전교육의 교육대상자는 법 제37조를 적용받지 않는 특정소방대상물 중 소화기 또는 자동화재탐지설비가 설치된 공장·창고 등의 특정소방대상물의 관계인으로서 관할 소방서장이 소방안전교육이 필요하다고 인정하는 사람으로 한다.
③ 소방안전교육의 교육대상자는 법 제37조를 적용받지 않는 특정소방대상물 중 관할 소방본부장 또는 소방서장이 화재에 대한 취약성이 높다고 인정하는 특정소방대상물의 관계인으로서 관할 소방서장이 소방안전교육이 필요하다고 인정하는 사람으로 한다.
④ 소방본부장 또는 소방서장은 법 제38조제1항에 따른 소방안전교육을 실시하려는 경우에는 교육일 10일 전까지 특정소방대상물 관계인 소방안전교육 계획서를 작성하여 통보해야 한다.

문 22. 「화재의 예방 및 안전관리에 관한 법률」상 화재의 예방과 안전문화 진흥을 위한 시책의 추진에 관한 사항으로 옳지 않은 것은?
① 소방관서장은 국민의 화재 예방과 안전에 관한 의식을 높이고 화재의 예방과 안전문화를 진흥시키기 위한 활동을 적극 추진하여야 한다.
② 소방관서장은 화재의 예방과 안전문화 활동에 국민 또는 주민이 참여할 수 있는 제도를 마련하여 시행할 수 있다.
③ 소방청장은 국민이 화재의 예방과 안전문화를 실천하고 체험할 수 있는 체험시설을 설치·운영할 수 있다.
④ 소방관서장은 지방자치단체 또는 그 밖의 기관·단체에서 추진하는 화재의 예방과 안전문화활동을 위하여 필요한 예산을 지원할 수 있다.

문 23. 「화재의 예방 및 안전관리에 관한 법률」 및 같은 법 시행령상 소방안전 특별관리시설물의 안전관리에 관한 사항으로 옳지 않은 것은?
① 「물류시설의 개발 및 운영에 관한 법률」 제2조 제5호의2에 따른 물류창고로서 연면적 10만제곱미터 이상인 것은 소방안전 특별관리시설물에 해당한다.
② 소방청장은 특별관리를 체계적이고 효율적으로 하기 위하여 시·도지사와 협의하여 소방안전 특별관리기본계획을 제4조 제1항에 따른 기본계획에 포함하여 수립 및 시행하여야 한다.
③ 시·도지사는 특별관리기본계획을 시행하기 위하여 매년 소방안전 특별관리시행계획을 수립·시행하고, 그 결과를 해당 연도 12월 31일까지 소방청장에게 통보해야 한다.
④ 소방청장 및 시·도지사는 특별관리기본계획 또는 특별관리시행계획을 수립하는 경우 성별, 연령별, 화재안전취약자별 화재 피해 현황 및 실태 등을 고려해야 한다.

문 24. 「화재의 예방 및 안전관리에 관한 법률」 및 같은 법 시행령상 소방관서장이 안전원에 위탁할 수 있는 업무로 옳지 않은 것은?
① 소방안전관리보조자 선임신고의 접수
② 소방안전관리자 자격의 정지
③ 소방안전관리자 자격증의 발급
④ 건설현장 소방안전관리자 선임신고의 접수

문 25. 「소방시설 설치 및 관리에 관한 법률 시행령」상 성능위주설계를 해야 하는 특정소방대상물로 옳지 않은 것은?
① 연면적 5만㎡인 공항시설
② 길이 3천m인 수저터널
③ 하나의 건축물에 「영화 및 비디오물의 진흥에 관한 법률」 제2조 제10호에 따른 영화상영관이 15개인 특정소방대상물
④ 지하 1층, 지상 5층인 각 바닥면적이 5천㎡인 창고시설

문 26. 「소방시설 설치 및 관리에 관한 법률」 및 같은 법 시행령상 주택에 설치하는 소방시설에 관한 사항으로 옳지 않은 것은?
① 단독주택과 기숙사의 소유자는 소화기 등 대통령령으로 정하는 소방시설을 설치하여야 한다.
② 주택에 설치하는 소방시설이란 소화기 및 단독경보형 감지기를 말한다.
③ 국가 및 지방자치단체는 주택용소방시설의 설치 및 국민의 자율적인 안전관리를 촉진하기 위하여 필요한 시책을 마련하여야 한다.
④ 주택용소방시설의 설치기준 및 자율적인 안전관리 등에 관한 사항은 특별시·광역시·특별자치시·도 또는 특별자치도의 조례로 정한다.

문 27. 「소방시설 설치 및 관리에 관한 법률」상 특정소방대상물에 설치하는 소방시설의 관리 등에 관한 사항으로 옳지 않은 것은?
① 특정소방대상물의 관계인은 대통령령으로 정하는 소방시설을 화재안전기준에 따라 설치·관리하여야 한다. 이 경우 「장애인·노인·임산부 등의 편의증진 보장에 관한 법률」 제2조 제1호에 따른 장애인등이 사용하는 소방시설(경보설비 및 피난구조설비를 말한다)은 대통령령으로 정하는 바에 따라 장애인등에 적합하게 설치·관리하여야 한다.
② 소방본부장이나 소방서장은 소방시설이 화재안전기준에 따라 설치·관리되고 있지 아니할 때에는 해당 특정소방대상물의 관계인에게 필요한 조치를 명할 수 있다.
③ 소방본부장이나 소방서장은 특정소방대상물의 관계인이 소방시설의 점검·정비를 위하여 폐쇄·차단을 하는 경우 안전을 확보하기 위하여 필요한 행동요령에 관한 지침을 마련하여 고시하여야 한다.
④ 소방청장, 소방본부장 또는 소방서장은 문화 및 집회시설, 종교시설, 판매시설, 터널 등에 소방시설의 작동정보 등을 실시간으로 수집·분석할 수 있는 시스템을 구축·운영할 수 있다.

문 28. 「소방시설 설치 및 관리에 관한 법률 시행령」상 수용인원의 산정방법에 관한 사항으로 옳지 않은 것은?
① 침대가 있는 숙박시설: 해당 특정소방대상물의 종사자 수에 침대 수(2인용 침대는 2개로 산정한다)를 합한 수
② 강의실·교무실·상담실·실습실·휴게실 용도로 쓰는 특정소방대상물: 해당 용도로 사용하는 바닥면적의 합계를 1.9㎡로 나누어 얻은 수
③ 침대가 없는 숙박시설: 숙박시설 바닥면적의 합계를 3㎡로 나누어 얻은 수
④ 강당, 문화 및 집회시설, 운동시설, 종교시설: 해당 용도로 사용하는 바닥면적의 합계를 4.6㎡로 나누어 얻은 수(관람석이 있는 경우 고정식 의자를 설치한 부분은 그 부분의 의자 수로 하고, 긴 의자의 경우에는 의자의 정면너비를 0.45m로 나누어 얻은 수로 한다)

문 29. 「소방시설 설치 및 관리에 관한 법률」 및 같은 법 시행령상 특정소방대상물의 방염 등 및 방염성능검사에 관한 사항으로 옳지 않은 것은?
① 소방청장은 방염대상물품이 방염성능기준에 미치지 못하거나 방염성능검사를 받지 아니한 것이면 특정소방대상물의 관계인에게 방염대상물품을 제거하도록 하거나 방염성능검사를 받도록 하는 등 필요한 조치를 명할 수 있다.
② 대통령령으로 정하는 특정소방대상물에 실내장식 등의 목적으로 설치 또는 부착하는 물품으로서 대통령령으로 정하는 물품은 방염성능기준 이상의 것으로 설치하여야 한다.
③ 방염대상물품의 방염성능기준은 버너의 불꽃을 제거한 때부터 불꽃을 올리며 연소하는 상태가 그칠 때까지 시간은 20초 이내여야 한다.
④ 전시용 합판·목재 또는 무대용 합판·목재 중 설치 현장에서 방염처리를 하는 합판·목재류의 경우에는 시·도지사가 실시하는 방염성능검사를 받은 것이어야 한다.

문 30. 「소방시설 설치 및 관리에 관한 법률 시행규칙」상 관리업자가 점검하는 경우 특정소방대상물의 규모 등에 따른 점검인력의 배치기준으로 옳지 않은 것은?

	구분	주된 점검인력	보조 점검인력
①	50층 이상 또는 성능위주설계를 한 특정소방대상물	소방시설관리사 경력 5년 이상인 특급점검자 1명 이상	고급점검자 이상의 기술인력 1명 이상 및 중급점검자 이상의 기술인력 1명 이상
②	특급 소방안전관리대상물 (50층 이상 또는 성능위주설계를 한 특정소방대상물 제외)	소방시설관리사 경력 3년 이상인 특급점검자 1명 이상	고급점검자 이상의 기술인력 1명 이상 및 초급점검자 이상의 기술인력 1명 이상
③	1급 또는 2급 소방안전관리대상물	소방시설관리사인 특급점검자 1명 이상	중급점검자 이상의 기술인력 1명 이상 및 초급점검자 이상의 기술인력 1명 이상
④	3급 소방안전관리대상물	특급점검자 1명 이상	초급점검자 이상의 기술인력 2명 이상

문 31. 「소방시설 설치 및 관리에 관한 법률 시행규칙」상 소방시설등의 자체점검 결과의 조치 등에 관한 사항으로 옳은 것은?
① 관리업자 또는 소방안전관리자로 선임된 소방시설관리사 및 소방기술사는 자체점검을 실시한 경우에는 그 점검이 끝난 날부터 15일 이내에 소방시설등 자체점검 실시결과 보고서에 소방청장이 정하여 고시하는 소방시설등점검표를 첨부하여 관계인에게 제출해야 한다.
② 자체점검 실시결과 보고서를 제출받거나 스스로 자체점검을 실시한 관계인은 자체점검이 끝난 날부터 10일 이내에 소방시설등 자체점검 실시결과 보고서에 서류를 첨부하여 소방본부장 또는 소방서장에게 서면이나 소방청장이 지정하는 전산망을 통하여 보고해야 한다.
③ 소방시설등의 자체점검 결과 이행계획서를 보고받은 소방청장은 이행계획의 완료 기간을 정하여 관계인에게 통보해야 한다.
④ 완료기간 내에 이행계획을 완료한 관계인은 이행을 완료한 날부터 10일 이내에 소방시설의 자체점검 결과 이행완료 보고서에 서류를 첨부하여 소방본부장 또는 소방서장에게 보고해야 한다.

문 32. 「소방시설 설치 및 관리에 관한 법률」상 관리업의 운영에 관한 사항으로 옳지 않은 것은?
① 관리업자는 관리업의 등록증이나 등록수첩을 다른 자에게 빌려주거나 빌려서는 아니 되며, 이를 알선하여서도 아니 된다. 규정을 위반하여 관리업의 등록증이나 등록수첩을 다른 자에게 빌려주거나 빌리거나 이를 알선한 자는 1년 이하의 징역 또는 1천만원 이하의 벌금에 처한다.
② 관리업자는 관리업자의 지위를 승계한 경우 소방안전관리업무를 대행하게 하거나 소방시설등의 점검업무를 수행하게 한 특정소방대상물의 관계인에게 지체 없이 그 사실을 알려야 한다.
③ 관리업자는 자체점검을 하거나 「화재의 예방 및 안전관리에 관한 법률」 제25조에 따른 소방안전관리업무의 대행을 하는 때에는 행정안전부령으로 정하는 바에 따라 소속 기술인력을 참여시켜야 한다.
④ 등록취소 또는 영업정지 처분을 받은 관리업자는 그 날부터 소방안전관리업무를 대행하거나 소방시설등에 대한 점검을 하여서는 아니 된다. 다만, 등록취소 또는 영업정지처분의 경우 도급계약이 해지되지 아니한 때에는 대행 또는 점검 중에 있는 특정소방대상물의 소방안전관리업무 대행과 자체점검은 할 수 있다.

문 33. 「위험물안전관리법」 및 시행규칙상 완공검사에 관한 사항으로 옳은 것은?
① 규정에 따른 허가를 받은 자가 제조소등의 설치를 마쳤거나 그 위치·구조 또는 설비의 변경을 마친 때에는 당해 제조소등마다 시·도지사가 행하는 완공검사를 받아 규정에 따른 기술기준에 적합하다고 인정받은 후가 아니면 이를 사용하여서는 아니된다.
② 제조소등의 위치·구조 또는 설비를 변경함에 있어서 규정에 따른 변경허가를 신청하는 때에 화재예방에 관한 조치사항을 기재한 서류를 제출하는 경우에는 당해 변경공사와 관계가 없는 부분이라도 완공검사를 받기 전에 미리 사용할 수 없다.
③ 완공검사를 받고자 하는 자가 제조소등의 일부에 대한 설치 또는 변경을 마친 후 그 일부를 미리 사용하고자 하더라도 당해 제조소등의 일부에 대하여 완공검사를 받을 수 없다.
④ 이동탱크저장소의 경우에는 이동저장탱크를 완공하고 상시 설치장소를 확보하기 전에 완공검사를 신청한다.

문 34. 「위험물안전관리법」상 시·도지사가 제조소등의 사용정지처분에 갈음하여 부과할 수 있는 과징금의 최대금액은 얼마인가?
① 1천만원
② 3천만원
③ 1억원
④ 2억원

문 35. 「위험물안전관리법」 및 같은 법 시행규칙상 탱크시험자의 등록에 관한 사항으로 옳지 않은 것은?
① 탱크시험자가 되고자 하는 자는 대통령령이 정하는 기술능력·시설 및 장비를 갖추어 시·도지사에게 등록하여야 한다.
② 시·도지사는 신청서를 접수한 때에는 10일 이내에 그 신청이 등록기준에 적합하다고 인정하는 때에는 위험물탱크안전성능시험자등록증을 교부하고, 제출된 기술인력자의 기술자격증에 그 기술인력자가 당해 탱크시험기관의 기술인력자임을 기재하여 교부하여야 한다.
③ 시·도지사는 탱크시험자가 등록증을 다른 자에게 빌려준 경우에는 그 등록을 취소하여야 하고, 시·도지사는 탱크시험자의 등록을 취소한 때에는 등록증을 회수하여야 한다.
④ 규정에 따라 등록한 사항 가운데 행정안전부령이 정하는 중요사항을 변경한 경우에는 그 날부터 30일 이내에 시·도지사에게 변경신고를 하여야 한다.

문 36. 「위험물안전관리법」 및 같은 법 시행령, 시행규칙상 정기점검 및 정기검사에 관한 사항으로 옳지 않은 것은?
① 대통령령이 정하는 제조소등의 관계인은 그 제조소등에 대하여 행정안전부령이 정하는 바에 따라 규정에 따른 기술기준에 적합한지의 여부를 정기적으로 점검하고 점검결과를 기록하여 보존하여야 한다.
② 옥외탱크저장소 중 저장 또는 취급하는 액체위험물의 최대수량이 50만리터 이상인 것에 대해서는 정기점검 외에 규정된 기간 이내에 1회 이상 특정·준특정옥외저장탱크의 구조 등에 관한 안전점검을 해야 한다.
③ 정기점검을 한 제조소등의 관계인은 점검을 한 날부터 30일 이내에 점검결과를 소방본부장 또는 소방서장에게 제출하여야 한다.
④ 액체위험물을 저장 또는 취급하는 50만리터 이상의 옥외탱크저장소는 소방본부장 또는 소방서장으로부터 해당 제조소등이 기술기준에 적합하게 유지되고 있는지의 여부에 대하여 정기적으로 검사를 받아야 한다.

문 37. 「위험물안전관리법 시행령」상 일반취급소에서 제4류 위험물 중 알코올류를 4천8백만리터를 취급하는 경우 갖춰야 하는 화학소방자동차의 최소 기준은?
① 1대
② 2대
③ 3대
④ 4대

문 38. 「위험물안전관리법 시행규칙」상 소방청장이 실시하는 안전교육에 관한 사항으로 옳지 않은 것은?
① 소방청장은 안전교육을 강습교육과 실무교육으로 구분하여 실시한다.
② 기술원 또는 「소방기본법」 제40조에 따른 한국소방안전원은 매년 교육실시계획을 수립하여 교육을 실시하는 해의 전년도 말까지 소방청장의 승인을 받아야 하고, 해당 연도 교육실시결과를 교육을 실시한 해의 다음 연도 1월 31일까지 소방청장에게 보고하여야 한다.
③ 소방청장은 매년 10월 말까지 관할구역 안의 실무교육대상자 현황을 안전원에 통보하고 관할구역 안에서 안전원이 실시하는 안전교육에 관하여 지도·감독하여야 한다.
④ 탱크시험자의 기술인력은 탱크시험자의 기술인력으로 등록한 날부터 6개월 이내 기술원으로부터 교육을 받아야 한다.

문 39. 「위험물안전관리법」상 청문에 관한 사항으로 옳지 않은 것은?
① 시·도지사 또는 소방청장은 청문을 실시할 수 있다.
② 소방본부장 또는 소방서장은 청문을 실시할 수 있다.
③ 제조소등 설치허가의 취소 처분을 하고자 하는 경우에는 청문을 실시하여야 한다.
④ 탱크시험자의 등록취소 처분을 하고자 하는 경우에는 청문을 실시하여야 한다.

문 40. 「위험물안전관리법 시행령」상 위험물 안전관리에 관한 협회를 설립하는 경우 발기인이 될 수 있는 자로 옳지 않은 것은?
① 제조소등의 관계인
② 위험물운반자
③ 위험물운송자
④ 안전관리자의 업무를 위탁받아 수행할 수 있는 안전관리대행기관으로 소방청장의 지정을 받은 자

소방공무원 경력경쟁채용 필기시험 답안지

소방학개론 / (일반)소방관계법규, (화학)화학개론 / (일반)소방관계법규, (구급)응급처치학개론, (정보통신)컴퓨터일반

문번	소방학개론	문번	(일반)소방관계법규, (화학)화학개론	문번	(일반)소방관계법규, (구급)응급처치학개론, (정보통신)컴퓨터일반
1	① ② ③ ④	1	① ② ③ ④	26	① ② ③ ④
2	① ② ③ ④	2	① ② ③ ④	27	① ② ③ ④
3	① ② ③ ④	3	① ② ③ ④	28	① ② ③ ④
4	① ② ③ ④	4	① ② ③ ④	29	① ② ③ ④
5	① ② ③ ④	5	① ② ③ ④	30	① ② ③ ④
6	① ② ③ ④	6	① ② ③ ④	31	① ② ③ ④
7	① ② ③ ④	7	① ② ③ ④	32	① ② ③ ④
8	① ② ③ ④	8	① ② ③ ④	33	① ② ③ ④
9	① ② ③ ④	9	① ② ③ ④	34	① ② ③ ④
10	① ② ③ ④	10	① ② ③ ④	35	① ② ③ ④
11	① ② ③ ④	11	① ② ③ ④	36	① ② ③ ④
12	① ② ③ ④	12	① ② ③ ④	37	① ② ③ ④
13	① ② ③ ④	13	① ② ③ ④	38	① ② ③ ④
14	① ② ③ ④	14	① ② ③ ④	39	① ② ③ ④
15	① ② ③ ④	15	① ② ③ ④	40	① ② ③ ④
16	① ② ③ ④	16	① ② ③ ④		
17	① ② ③ ④	17	① ② ③ ④		
18	① ② ③ ④	18	① ② ③ ④		
19	① ② ③ ④	19	① ② ③ ④		
20	① ② ③ ④	20	① ② ③ ④		
21	① ② ③ ④	21	① ② ③ ④		
22	① ② ③ ④	22	① ② ③ ④		
23	① ② ③ ④	23	① ② ③ ④		
24	① ② ③ ④	24	① ② ③ ④		
25	① ② ③ ④	25	① ② ③ ④		

검은색 컴퓨터용 사인펜만 사용

성 명

[필적 확인란]
※다음 문구를 정자로 기재하시오.
○○○(본인 성명) 확인함

기 재 란

시험감독관 서명
(성명을 정자로 기재)

□ 성 명
□ 필적확인
□ 생년월일
□ 응시번호

※ 생년월일 및 응시번호 기재 오류 시 붙이익은 응시자 본인 책임입니다.

응 시 번 호 (응시표상 숫자 10자리)

0 ① ② ③ ④ ⑤ ⑥ ⑦ ⑧ ⑨
0 ① ② ③ ④ ⑤ ⑥ ⑦ ⑧ ⑨
0 ① ② ③ ④ ⑤ ⑥ ⑦ ⑧ ⑨
0 ① ② ③ ④ ⑤ ⑥ ⑦ ⑧ ⑨
—
0 ① ② ③ ④ ⑤ ⑥ ⑦ ⑧ ⑨
0 ① ②
③ ④
—
① ② ③ ④ ⑤
0 ① ② ③ ④ ⑤ ⑥ ⑦ ⑧ ⑨
0 ① ② ③ ④ ⑤ ⑥ ⑦ ⑧ ⑨

생 년 월 일 (주민등록번호 앞 6자리)

0 ① ② ③ ④ ⑤ ⑥ ⑦ ⑧ ⑨
0 ① ② ③ ④ ⑤ ⑥ ⑦ ⑧ ⑨
0 ① ② ③ ④ ⑤ ⑥ ⑦ ⑧ ⑨
0 ①
0 ① ② ③ ④ ⑤ ⑥ ⑦ ⑧ ⑨
0 ① ② ③ ④ ⑤ ⑥ ⑦ ⑧ ⑨

소방공무원 경력경쟁채용 필기시험 답안지

소방공무원 경력경쟁채용 필기시험 답안지

SIMITAIL

심승아 심플디테일 소방관계법규

심의한수 실전 모의고사

정답·해설

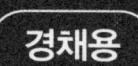

한눈에 보는 정답

제 01 회 실전 모의고사

01 ②	02 ②	03 ③	04 ④	05 ③
06 ④	07 ④	08 ①	09 ③	10 ①
11 ④	12 ④	13 ③	14 ①	15 ②
16 ④	17 ②	18 ②	19 ③	20 ④
21 ①	22 ②	23 ①	24 ①	25 ②
26 ②	27 ④	28 ①	29 ③	30 ②
31 ④	32 ④	33 ①	34 ②	35 ②
36 ①	37 ①	38 ①	39 ④	40 ④

제 02 회 실전 모의고사

01 ④	02 ④	03 ③	04 ①	05 ①
06 ①	07 ④	08 ②	09 ④	10 ③
11 ①	12 ④	13 ②	14 ②	15 ①
16 ②	17 ③	18 ④	19 ①	20 ②
21 ②	22 ②	23 ④	24 ②	25 ④
26 ①	27 ①	28 ④	29 ③	30 ①
31 ③	32 ①	33 ②	34 ④	35 ①
36 ②	37 ④	38 ①	39 ①	40 ③

제 03 회 실전 모의고사

01 ①	02 ③	03 ②	04 ④	05 ②
06 ④	07 ③	08 ①	09 ②	10 ①
11 ①	12 ②	13 ③	14 ③	15 ②
16 ③	17 ④	18 ①	19 ①	20 ②
21 ②	22 ④	23 ①	24 ①	25 ④
26 ①	27 ③	28 ①	29 ①	30 ③
31 ④	32 ④	33 ①	34 ④	35 ①
36 ③	37 ②	38 ③	39 ①	40 ②

제01회 실전 모의고사

01 ②	02 ②	03 ③	04 ④	05 ③
06 ④	07 ④	08 ①	09 ③	10 ①
11 ④	12 ④	13 ③	14 ①	15 ②
16 ④	17 ②	18 ②	19 ③	20 ④
21 ①	22 ②	23 ②	24 ①	25 ②
26 ②	27 ②	28 ①	29 ③	30 ②
31 ④	32 ④	33 ④	34 ②	35 ②
36 ①	37 ①	38 ①	39 ④	40 ④

01 ②

② 연면적 **1만5천제곱미터 이상**인 공장에서 화재가 발생하는 때에는 그 사실을 지체 없이 서면·팩스 또는 컴퓨터통신 등으로 소방서의 종합상황실의 경우는 소방본부의 종합상황실에, 소방본부의 종합상황실의 경우는 소방청의 종합상황실에 각각 보고해야 한다. (규칙 제3조 제2항 제1호 마목)

선지체크
① 법 제4조 제2항
③ 규칙 제2조 제1항
④ 법 제4조 제3항

> LINK 기본서 1권 30~31p

02 ②

② 법 제10조 제2항, 령 제2조의2 제1호

선지체크
① 「수도법」 제45조에 따라 소화전을 설치하는 일반수도사업자는 관할 소방서장과 사전협의를 거친 후 소화전을 설치하여야 하며, 설치 사실을 **관할 소방서장**에게 통지하고, 그 소화전을 유지·관리하여야 한다. (법 제10조 제1항 후단)
③ **시·도지사**는 설치된 소방용수시설에 대하여 소방용수표지를 보기 쉬운 곳에 설치하여야 한다. (규칙 제6조 제1항)
④ **소방본부장 또는 소방서장**은 원활한 소방활동을 위하여 설치된 소방용수시설에 대한 조사를 월 1회 이상 실시하여야 한다. → **소방청장 ×** (규칙 제7조 제1항 제1호)

> LINK 기본서 1권 42~45p

03 ③

③ 규칙 제8조의5
- **소방대원**은 소방지원활동 및 생활안전활동을 한 경우 소방지원활동 등 기록지에 해당 활동상황을 상세히 기록하고, 소속 **소방관서에 3년**간 보관해야 한다.
- **소방본부장**은 소방지원활동등의 상황을 종합하여 **연 2회** 소방청장에게 보고해야 한다.

> LINK 기본서 1권 49p

04 ④

④ **시·도지사, 소방본부장 또는 소방서장**은 정당한 사유 없이 법을 위반하여 화재, 재난·재해, 그 밖의 위급한 상황을 소방본부, 소방서 또는 관계 행정기관에 알리지 않은 관계인에게는 500만원 이하의 과태료를 부과한다. (법 제56조 제1항)

선지체크
① 법 제20조의2 제1항
② 법 제20조의2 제3항
③ 법 제20조 제1항

> LINK 기본서 1권 85p

05 ③

③ 「위험물안전관리법」에 따라 위험물안전관리자로 선임되거나 채용된 사람은 안전원의 **회원이 될 수 있다.** (법 제42조 제2호)

선지체크
① 법 제40조 제1항
② 법 제41조 제3호
④ 법 제44조의2 제1항

> LINK 기본서 1권 73~75p

06 ④

④ 보상위원회는 위원장 1명을 포함하여 5명 이상 **7명 이하**의 위원으로 구성한다. 다만, 청구금액이 **100만원** 이하인 사건에 대해서는 소속 소방공무원 3명으로만 구성할 수 있다. (령 제13조 제2항)

선지체크
① 법 제49조의2 제1항 제5호
② 법 제49조의2 제3항
③ 법 제49조의2 제4항

> LINK 기본서 1권 77~79p

07 ④

④ **소방관서장**은 화재조사를 하는 경우 「산림보호법」 제42조에 따른 산불 조사 등 다른 법률에 따른 화재 관련 조사가 원활히 수행될 수 있도록 **협조**해야 한다. (령 제3조 제3항)

선지체크
① **소방관서장**은 화재발생 사실을 알게 된 때에는 지체 없이 화재조사를 하여야 한다. 이 경우 수사기관의 범죄수사에 지장을 주어서는 아니 된다. (법 제5조 제1항)
② **소방관서장**은 화재조사를 하는 경우 소방시설 등의 설치·관리 및 작동 여부에 관한 사항에 대하여 조사하여야 한다. (법 제5조 제2항 제4호)
③ 령 제3조 제2항

> LINK 기본서 1권 104~105p

08 ①

① 규칙 제8조 제2항

선지체크
- 소방관서장은 화재조사의 결과를 공표할 때에 포함시켜야 하는 사항
1. 화재원인에 관한 사항
2. 화재로 인한 인명·재산피해에 관한 사항
3. 화재발생 건축물과 구조물에 관한 사항
4. 그 밖에 화재예방을 위해 공표할 필요가 있다고 소방관서장이 인정하는 사항

LINK 기본서 1권 114p

09 ③

③ 소방청장은 감정기관으로 지정받은 자가 거짓이나 그 밖의 부정한 방법으로 지정을 받은 경우에는 그 **지정을 취소하여야 한다.** (법 제17조 제3항 제1호)

선지체크
① 법 제17조 제1항
② 법 제17조 제2항
④ 법 제17조 제4항

LINK 기본서 1권 116~118p

10 ①

① 법 제2조 제1항 제1호 나목

선지체크
② 소방시설업자란 소방시설업을 경영하기 위하여 **소방시설업을 등록한 자**를 말한다. (법 제2조 제1항 제2호)
③ 감리원이란 **소방공사감리업자에 소속된 소방기술자로서 해당 소방시설공사를 감리하는 사람**을 말한다. (법 제2조 제1항 제3호)
④ 발주자란 소방시설의 설계, 시공, 감리 및 방염(이하 "소방시설공사 등"이라 한다)을 소방시설업자에게 도급하는 자를 말한다. 다만, **수급인으로서 도급받은 공사를 하도급하는 자는 제외**한다. (법 제2조 제1항 제5호)

LINK 기본서 1권 130~131p

11 ④

④ 법 제8조 제3항

선지체크
- 소방시설업자가 소방시설공사등을 맡긴 특정소방대상물의 관계인에게 지체 없이 그 사실을 알려야 하는 경우
1. 소방시설업자의 지위를 승계한 경우
2. 소방시설업의 등록취소처분 또는 영업정지처분을 받은 경우
3. 휴업하거나 폐업한 경우

LINK 기본서 1권 148p

12 ④

④ 령 제4조

선지체크

신설
① 옥내소화전설비(호스릴 방식 포함), 옥외소화전설비
② 스프링클러설비등
③ 물분무등소화설비
④ 연결송수관설비, 연결살수설비, 제연설비, 연소방지설비, 비상콘센트설비, 무선통신보조설비
⑤ 소화용수설비
⑥ 자동화재탐지설비, 비상방송설비, 비상경보설비, 화재알림설비

증설
① 옥내·옥외소화전설비
② 스프링클러설비등 또는 물분무등소화설비의 방호·방수구역
③ 자동화재탐지설비 또는 화재알림설비의 경계구역
④ 제연설비의 제연구역
⑤ 연결살수설비의 살수구역
⑥ 연결송수관설비의 송수구역
⑦ 비상콘센트설비의 전용회로
⑧ 연소방지설비의 살수구역

개설·이전·정비
① 수신반
② 소화펌프
③ 동력제어반
④ 감시제어반
(고장 또는 파손 등으로 인하여 작동시킬 수 없는 소방시설을 긴급히 교체하거나 보수하여야 하는 경우에는 신고하지 않을 수 있다.)

LINK 기본서 1권 162p

13 ③

③ 감리업자는 소방공사의 감리를 마쳤을 때에는 행정안전부령으로 정하는 바에 따라 그 감리 결과를 그 **특정소방대상물의 관계인, 소방시설공사의 도급인, 그 특정소방대상물의 공사를 감리한 건축사**에게 서면으로 알리고, **소방본부장이나 소방서장**에게 공사감리 결과보고서를 제출하여야 한다. (법 제20조)

LINK 기본서 1권 175p

14 ①

① 발주자는 공사대금의 지급보증 또는 담보 제공을 하기 곤란한 경우에는 수급인이 그에 상응하는 보험 또는 공제에 가입할 수 있도록 계약의 이행보증을 받은 날부터 **30일 이내**에 보험료 또는 공제료를 지급하여야 한다. (법 제21조의4 제1항 후단)

선지체크
② 법 제21조의4 제2항, 령 제11조의6 제1호
③ 법 제21조의4 제3항
④ 법 제21조의4 제4항

LINK 기본서 1권 182~183p

15 ②

② 자격이 취소된 사람은 취소된 날부터 **2년간** 자격수첩 또는 경력수첩을 발급받을 수 없다. (법 제28조 제5항)

✔ **선지체크**
① 법 제28조 제4항 제1호
③ 법 제28조의2 제1항
④ 법 제28조의2 제2항

🔗 LINK 기본서 1권 201~213p

16 ④

④ 소방시설업 **등록취소처분**이나 **영업정지처분** 또는 제28조 제4항에 따른 소방기술 인정 **자격취소처분**을 하려면 청문을 하여야 한다. (법 제32조)

🔗 LINK 기본서 1권 220p

17 ②

② 법 제5조 제1항 후단

✔ **선지체크**
① **소방청장**은 기본계획 및 시행계획의 수립·시행에 필요한 기초자료를 확보하기 위하여 실태조사를 할 수 있다. → 시·도지사 × (법 제5조 제1항 전단)
③ **소방청장**은 실태조사를 하는 경우 소방대상물의 소방시설등 설치·관리 현황에 대해 실태조사를 할 수 있다. → 시·도지사 × (법 제5조 제1항 제3호)
④ **소방청장**은 실태조사를 전문연구기관·단체나 관계 전문가에게 의뢰하여 실시할 수 있다. → 시·도지사 × (규칙 제2조 제4항)

🔗 LINK 기본서 1권 252~253p

18 ②

② 중앙화재안전조사단 및 **지방화재안전조사단은 각각 단장을 포함하여 50명 이내의 단원**으로 성별을 고려하여 구성한다. (령 제10조 제1항)

✔ **선지체크**
① 법 제9조 제1항
③ 법 제10조 제1항
④ 령 제12조 제3항

🔗 LINK 기본서 1권 259~261p

19 ③

③ 령 별표1 제5호 가목

✔ **선지체크**
① 경유·등유 등 액체연료를 사용하는 경우 연료탱크는 보일러 본체로부터 **수평거리 1m 이상**의 간격을 두어 설치하여야 한다. (령 별표 1 제1호 나목 1))

② 화목(火木) 등 고체연료를 사용하는 경우 연통의 배출구는 보일러 본체보다 **2m 이상** 높게 설치하여야 한다. (령 별표1 제1호 라목 3))
④ **보일러, 난로, 건조설비, 불꽃을 사용하는 용접·용단기구 및 노·화덕설비**가 설치된 장소에는 소화기 1개 이상을 갖추어 두어야 한다. (령 별표1 비고 제4호)

🔗 LINK 기본서 1권 267~269p

20 ④

④ 소방청장은 소방설비등의 설치를 명하는 경우 해당 관계인에게 소방설비등의 설치에 필요한 지원을 할 수 있다. (법 제19조 제1항)

✔ **선지체크**
① 법 제18조 제1항 제9호
② 법 제18조 제4항
③ 령 제20조 제2항

🔗 LINK 기본서 1권 272~274p

21 ①

① 가연성 가스를 **1천톤 이상** 저장·취급하는 시설: 1급 소방안전관리대상물 (령 별표4 제2호 가목 4))

✔ **선지체크**
② 50층 이상(지하층은 제외한다)이거나 **지상으로부터 높이가 200미터 이상인 아파트**: 특급 소방안전관리대상물
 → 지상으로부터 높이: 지상 40층 × 5m = 200m (령 별표4 제1호 가목 1))
③ **30층 이상(지하층을 포함한다)**이거나 지상으로부터 높이가 120m 이상인 **특정소방대상물(아파트는 제외한다)**: 특급 소방안전관리대상물
 → 지하 5층 + 지상 25층 = 30층 (령 별표4 제1호 가목 2))
④ **연면적이 10만m² 이상**인 특정소방대상물(아파트는 제외한다): 특급 소방안전관리대상물
 → 20개층 × 5천m² = 연면적 100,000m²(령 별표4 제1호 가목 3))

🔗 LINK 기본서 1권 279~280p

22 ②

② **소방안전관리대상물의 소방안전관리자**는 소방교육을 소방훈련과 병행하여 실시할 수 있다. (규칙 제11조 제6항)

✔ **선지체크**
① 규칙 제11조 제5항
③ 규칙 제11조 제7항
④ 규칙 제11조 제8항

🔗 LINK 기본서 1권 285p

23 ①

① 법 제37조 제4항

선지체크

② 소방안전관리대상물 중 소방안전관리업무의 전담이 필요한 대통령령으로 정하는 소방안전관리대상물의 관계인은 소방훈련 및 교육을 한 날부터 **30일 이내**에 소방훈련 및 교육 결과를 행정안전부령으로 정하는 바에 따라 소방본부장 또는 소방서장에게 제출하여야 한다. (법 제37조 제2항)
③ 소방안전관리대상물의 관계인은 소방훈련 및 교육을 실시한 날부터 **30일 이내**에 소방훈련·교육 실시 결과서를 작성하여 소방본부장 또는 소방서장에게 제출해야 한다. (규칙 제37조)
④ 의료시설, 교육연구시설, 노유자시설, **소방본부장 또는 소방서장**이 소방훈련·교육이 필요하다고 인정하는 특정소방대상물은 불시 소방훈련·교육의 대상에 해당한다. (령 제39조)

LINK 기본서 1권 317~319p

24 ①

① **비상대응조직 및 교육훈련**에 관한 사항 (법 제41조 제2항 제4호)

• 화재예방안전진단의 범위
1. 화재위험요인의 조사에 관한 사항
2. 소방계획 및 피난계획 수립에 관한 사항
3. 소방시설등의 유지·관리에 관한 사항
4. 비상대응조직 및 교육훈련에 관한 사항
5. 화재 위험성 평가에 관한 사항
6. 그 밖에 화재예방진단을 위하여 대통령령으로 정하는 사항

선지체크

② 규칙 제42조 제1항
③ 법 제41조 제5항
④ 법 제41조 제6항, 법 제50조 제3항 제6호

LINK 기본서 1권 323~326, 341p

25 ②

② 내진설계기준에 맞게 설치해야 하는 소방시설: **옥내소화전설비, 스프링클러설비, 물분무등소화설비**(령 제8조 제2항)

• 물분무등소화설비
1. 물분무소화설비
2. 미분무소화설비
3. 포소화설비
4. 이산화탄소소화설비
5. 할론소화설비
6. 할로겐화합물 및 불활성기체 소화설비
7. 분말소화설비
8. 강화액소화설비
9. 고체에어로졸소화설비

LINK 기본서 2권 27p

26 ②

② 규칙 별표2 제2호 다목

선지체크

① 승용자동차: 법 제37조 제5항에 따른 **능력단위 1 이상**의 소화기 1개 이상을 사용하기 쉬운 곳에 설치 또는 비치한다. (규칙 별표2 제1호)
③ 특수자동차(중형 이하): 능력단위 1 이상인 소화기 **1개** 이상을 사용하기 쉬운 곳에 설치한다. (규칙 별표2 제3호)
④ 승차정원 15인 이하: 능력단위 2 이상인 소화기 1개 이상 또는 능력단위 1 이상인 소화기 2개 이상을 설치한다. 이 경우 승차정원 **11인 이상** 승합자동차는 운전석 또는 운전석과 옆으로 나란한 좌석 주위에 1개 이상을 설치한다. (규칙 별표2 제2호 나목)

LINK 기본서 2권 35p

27 ④

④ 인명구조기구, 전력 및 통신사업용 지하구에 설치하는 **스프링클러설비**(령 제13조 제2호)

• 대통령령 또는 화재안전기준이 변경되어 그 기준이 강화되는 경우

원칙	변경 전 기준 적용
예외	강화된 기준 적용 1. 소화기구, 비상경보설비, 자동화재탐지설비, 자동화재속보설비, 피난구조설비 2. 공동구, 전력 및 통신사업용 지하구: 소화기, 자동소화장치, 자동화재탐지설비, 통합감시시설, 유도등, 연소방지설비 3. 노유자시설: 간이SP, 자동화재탐지설비, 단독경보형 감지기 4. 의료시설: SP, 간이SP, 자동화재탐지설비, 자동화재속보설비

LINK 기본서 2권 55p

28 ①

① 지방소방기술심의위원회의 심의 사항이다. (령 제20조 제2항 제2호)

선지체크

② 령 제20조 제1항 제1호
③ 법 제18조 제1항 제2호
④ 법 제18조 제1항 제4호

LINK 기본서 2권 63~64p

29 ③

③ 령 제30조

선지체크

① **근린생활시설 중 이용원**
② **판매시설**
④ 층수가 11층 이상인 것 (**아파트등 제외**)

LINK 기본서 2권 67p

30 ②

② 전문 소방시설관리업을 등록하려는 자는 기술인력을 갖춰야 하며, 주된 기술인력으로는 소방시설관리사 자격을 취득한 후 소방 관련 실무경력이 **5년 이상**인 사람 1명 이상, 소방시설관리사 자격을 취득한 후 소방 관련 실무경력이 **3년 이상**인 사람 1명 이상이 필요하다. (령 별표9)

업종별		기술인력	영업범위
전문	주	1. 소방시설관리사 자격을 취득한 후 소방 관련 실무경력이 5년 이상인 사람 1명 이상 2. 소방시설관리사 자격을 취득한 후 소방 관련 실무경력이 3년 이상인 사람 1명 이상	모든 특정소방 대상물
	보조	1. 고급점검자 이상의 기술인력: 2명 이상 2. 중급점검자 이상의 기술인력: 2명 이상 3. 초급점검자 이상의 기술인력: 2명 이상	
일반	주	소방시설관리사 자격을 취득한 후 소방 관련 실무경력이 1년 이상인 사람 1명 이상	1급, 2급, 3급 소방안전 관리대상물
	보조	1. 중급점검자 이상의 기술인력: 1명 이상 2. 초급점검자 이상의 기술인력: 1명 이상	

선지체크
① 법 제29조 제1항
③ 규칙 제31조 제2항 제1호
④ 법 제30조 제5호

LINK 기본서 2권 90~93p

31 ④

④ 소방청장은 소방시설관리사증의 발급·재발급 업무를 대통령령으로 정하는 바에 따라 **소방기술과 관련된 법인 또는 단체**에 위탁할 수 있다. (법 제50조 제5항 제2호)

선지체크
① 령 제48조 제1항
② 법 제50조 제2항 제2호
③ 법 제50조 제3항

LINK 기본서 2권 114p

32 ④

④ 불연성 물품을 저장하는 창고: **옥외소화전** (령 별표6)

구분	특정소방대상물	설치하지 않을 수 있는 소방시설
화재 위험도가 낮은 특정소방대상물	석재, 불연성금속, 불연성 건축재료 등의 가공공장·기계조립 공장	옥외소화전 연결살수설비
화재안전기준을 적용하기 어려운 특정소방대상물	펄프공장의 작업장, 음료수 공장의 세정 또는 충전을 하는 작업장, 그 밖에 이와 비슷한 용도로 사용하는 것	스프링클러설비 상수도소화용수설비 연결살수설비
	정수장, 수영장, 목욕장, 농예·축산·어류 양식용 시설, 그 밖에 이와 비슷한 용도로 사용되는 것	자동화재탐지설비 상수도소화용수설비 연결살수설비
화재안전기준을 달리 적용해야 하는 특수한 용도 또는 구조를 가진 특정소방대상물	원자력발전소, 중·저준위방사성폐기물의 저장시설	연결송수관설비 연결살수설비
「위험물 안전관리법」 제19조에 따른 자체소방대가 설치된 특정소방대상물	자체소방대가 설치된 제조소등에 부속된 사무실	옥내소화전설비 소화용수설비 연결살수설비 연결송수관설비

LINK 기본서 2권 59p

33 ④

④ 령 별표1 비고 제19호

선지체크
① 황은 순도가 **60중량퍼센트** 이상인 것을 말하며, 순도측정을 하는 경우 순도측정에 있어서 불순물은 활석 등 불연성물질과 수분에 한한다. (령 별표1 비고 제3호)
② 인화성고체라 함은 고형알코올 그 밖에 1기압에서 인화점이 섭씨 40도 미만인 고체를 말한다. **다만, 도료류 그 밖의 물품에 있어서 가연성 액체량이 40중량퍼센트 이하이면서 인화점이 섭씨 40도 이상인 동시에 연소점이 섭씨 60도 이상인 것은 제외한다.** (령 별표1 비고 제8호)
③ 제1석유류라 함은 **아세톤, 휘발유** 그 밖에 1기압에서 인화점이 섭씨 21도 미만인 것을 말한다. (령 별표1 비고 제13호)

LINK 기본서 2권 141~143p

34 ②

② 제조소등의 위치·구조 또는 설비의 변경없이 당해 제조소등에서 저장하거나 취급하는 위험물의 품명·수량 또는 지정수량의 배수를 변경하고자 하는 자는 변경하고자 하는 날의 **1일 전까지** 행정안전부령이 정하는 바에 따라 시·도지사에게 **신고**하여야 한다. (법 제6조 제2항)

선지체크
① 법 제6조 제1항
③ 법 제6조 제3항 제2호
④ 법 제7조 제1항

LINK 기본서 2권 160~168p

35 ②

② 령 제8조 제1항 제2호

• 충수·수압검사: 액체위험물을 저장 또는 취급하는 탱크
다만, 다음 각 목의 어느 하나에 해당하는 탱크는 제외한다.
1. 제조소 또는 일반취급소에 설치된 탱크로서 용량이 지정수량 미만인 것
2. 「고압가스 안전관리법」 제17조 제1항에 따른 특정설비에 관한 검사에 합격한 탱크
3. 「산업안전보건법」 제84조 제1항에 따른 안전인증을 받은 탱크

선지체크
ㄴ. 과산화수소의 지정수량은 300kg이므로 충수·수압검사에서 제외된다.

LINK 기본서 2권 170p

36 ①

① 제조소등의 관계인은 당해 제조소등의 용도를 폐지한 때에는 행정안전부령이 정하는 바에 따라 제조소등의 용도를 폐지한 날부터 **14일 이내**에 시·도지사에게 신고하여야 한다. (법 제11조)

선지체크
② 법 제11조의2 제1항 전단
③ 법 제11조의2 제1항 후단
④ 법 제11조의2 제3항

LINK 기본서 2권 175~177p

37 ①

① 령 제15조 제2항

ㄱ. 적린 지정수량: 100kg → $\frac{10,000}{100}$ = 100배

ㄴ. 칼륨 지정수량: 10kg → $\frac{32,000}{10}$ = 3,200배

ㄷ. 질산 지정수량: 300kg → $\frac{300}{300}$ = 1배

ㄹ. 황 지정수량: 100kg → $\frac{300,000}{100}$ = 3,000배

ㅁ. 지하탱크저장소는 예방규정을 정하여야 하는 제조소등이 아니다.

• 소방청장이 예방규정의 이행 실태를 정기적으로 평가할 수 있는 제조소등
  예방규정을 정하여야 하는 제조소등 가운데 저장 또는 취급하는 위험물의 최대수량의 합이 **지정수량의 3천배 이상**인 제조소등

• 예방규정을 정하여야 하는 제조소등
1. 지정수량의 10배 이상 제조소, 일반취급소
2. 지정수량의 100배 이상 옥외저장소
3. 지정수량의 150배 이상 옥내저장소
4. 지정수량의 200배 이상 옥외탱크저장소
5. 암반탱크저장소
6. 이송취급소

LINK 기본서 2권 196~197p

38 ①

① **시·도지사, 소방본부장 또는 소방서장**은 탱크시험자에 대하여 당해 업무를 적정하게 실시하게 하기 위하여 필요하다고 인정하는 때에는 감독상 필요한 명령을 할 수 있다. (법 제23조)

LINK 기본서 2권 217p

39 ④

④ 규칙 별표18 Ⅲ 제7호

선지체크
① 옥외저장소에서 위험물을 수납한 용기를 선반에 저장하는 경우에는 **6m**를 초과하여 저장하지 아니하여야 한다. (규칙 별표18 Ⅲ 제19호)
② 제4류 위험물 중 제3석유류를 수납하는 용기만을 옥내저장소에 겹쳐 쌓는 경우에 있어서는 **4m**를 초과하여 용기를 겹쳐 쌓지 아니하여야 한다. (규칙 별표18 Ⅲ 제6호 나목)
③ 보냉장치가 없는 이동저장탱크에 저장하는 아세트알데하이드등 또는 다이에틸에터등의 온도는 **40℃ 이하**로 유지하여야 한다. (규칙 별표18 Ⅲ 제21호 차목)

LINK 기본서 2권 150~152p

40 ④

④ 지정수량의 **10배 이상**의 위험물을 취급하는 제조소(제6류 위험물을 취급하는 위험물제조소를 제외한다)에는 피뢰침(「산업표준화법」 제12조에 따른 한국산업표준 중 피뢰설비 표준에 적합한 것을 말한다. 이하 같다)을 설치하여야 한다. (규칙 별표4 Ⅷ 제7호)

선지체크
① 규칙 별표4 Ⅷ 제1호
② 규칙 별표4 Ⅷ 제4호
③ 규칙 별표4 Ⅷ 제2호

LINK 기본서 2권 253~254p

제02회 실전 모의고사

01 ④	02 ④	03 ③	04 ①	05 ①
06 ①	07 ④	08 ③	09 ④	10 ③
11 ①	12 ④	13 ②	14 ②	15 ①
16 ②	17 ③	18 ④	19 ①	20 ②
21 ②	22 ②	23 ④	24 ②	25 ④
26 ①	27 ①	28 ④	29 ③	30 ①
31 ③	32 ①	33 ③	34 ④	35 ①
36 ②	37 ④	38 ①	39 ①	40 ③

01 ④

ㄱ. 법 제2조 제1호
ㄴ. 법 제2조 제2호
ㄷ. 법 제2조 제4호
ㄹ. 법 제2조 제6호

> LINK 기본서 1권 28~29p

02 ④

④ 규칙 제4조 제3항

① 소방의 역사와 안전문화를 발전시키고 국민의 안전의식을 높이기 위하여 **소방청장**은 소방박물관을, 시·도지사는 소방체험관을 설립하여 운영할 수 있다. (법 제5조 제1항)
② 소방박물관의 설립과 운영에 필요한 사항은 **행정안전부령**으로 정하고, 소방체험관의 설립과 운영에 필요한 사항은 **행정안전부령**으로 정하는 기준에 따라 시·도의 조례로 정한다. (법 제5조 제2항)
③ 소방청장은 소방박물관을 설립·운영하는 경우에는 소방박물관에 소방박물관장 1인과 부관장 1인을 두되, **소방박물관장**은 소방공무원 중에서 소방청장이 임명한다. → **부관장 ×** (규칙 제4조 제1항)

> LINK 기본서 1권 33~34p

03 ③

ㄱ. 화재의 **경계·진압활동** → **예방 ×** (규칙 제8조 제1호 가목)

• 소방업무의 상호응원협정
1. 다음 각목의 소방활동에 관한 사항
  가. 화재의 경계·진압활동
  나. 구조·구급업무의 지원
  다. 화재조사활동
2. 응원출동대상지역 및 규모
3. 다음 각 목의 소요경비의 부담에 관한 사항
  가. 출동대원의 수당·식사 및 의복의 수선
  나. 소방장비 및 기구의 정비와 연료의 보급
  다. 그 밖의 경비

4. 응원출동의 요청방법
5. 응원출동훈련 및 평가

> LINK 기본서 1권 46p

04 ①

① 소방공무원으로 **3년 이상** 근무한 경력이 있는 사람
(령 별표2의2 제1호 가목)

② 령 별표2의2 제17호
③ 령 별표2의2 제7호
④ 국가기술자격의 직무분야 중 안전관리 분야의 산업기사 자격을 취득한 후 안전관리 분야에 **3년 이상** 종사한 사람 (령 별표2의2 제9호)

> LINK 기본서 1권 55p

05 ①

① **소방청장 및 소방본부장**은 운행기록장치 데이터 중 과속, 급감속, 급출발 등의 운행기록을 점검·분석해야 한다. → **소방서장 ×**
(규칙 제13조의3 제1항)

② 법 제21조3 제3항
③ 법 제21조3 제1항
④ 령 제7조의15 제1호, 제2호, 제6호

> LINK 기본서 1권 66~67p

06 ①

① 5년 이하의 징역 또는 5천만원 이하의 벌금 (법 제50조 제3호)

② 100만원 이하의 벌금 (법 제54조 제4호)
③ 100만원 이하의 벌금 (법 제54조 제1의2호)
④ 100만원 이하의 벌금 (법 제54조 제5호)

> LINK 기본서 1권 82p

07 ④

④ 화재조사관은 **소방청장이** 실시하는 화재조사에 관한 시험에 합격한 소방공무원 등 화재조사에 관한 전문적인 자격을 가진 소방공무원으로 한다. (법 제6조 제4항)

① 법 제6조 제1항
② 규칙 제2조 제1항
③ 규칙 별표 비고 제4호

> LINK 기본서 1권 105~108p

08 ③

③ 화재현장 보존조치를 하거나 통제구역을 설정한 경우 누구든지 소방관서장 또는 경찰서장의 허가 없이 화재현장에 있는 물건 등을 이동시키거나 변경·훼손한 사람은 **300만원 이하의 벌금**에 처한다. (법 제21조 제1호)

선지체크
① 법 제8조 제1항 전단
② 법 제8조 제1항 후단
④ 령 제9조 제1호

LINK 기본서 1권 121p

09 ④

④ 소방시설업의 폐업신고를 한 자가 소방시설업 등록이 말소된 후 **6개월 이내**에 같은 업종의 소방시설업을 다시 등록한 경우 해당 소방시설업자는 폐업신고 전 소방시설업자의 지위를 승계한다. (법 제6조의2 제3항)

선지체크
① 법 제4조 제1항
② 법 제5조 제6호
③ 법 제6조

LINK 기본서 1권 145p

10 ③

③ 규칙 제4조 제1항 제1호, 제2호, 제3호

- 시·도지사에게 소방시설업 등록증 또는 등록수첩의 재발급을 신청할 수 있는 경우
1. 소방시설업 등록증 또는 등록수첩을 잃어버린 경우
2. 소방시설업 등록증 또는 등록수첩이 헐어 못 쓰게 된 경우
3. 소방시설업 등록증 또는 등록수첩의 기재란이 부족한 경우

LINK 기본서 1권 141p

11 ①

① 스프링클러설비등 → **시각경보기, 통합감시시설** × (령 별표2 비고)

- 소방기술자를 공사 현장에 배치해야 하는 경우

기계분야	1. **옥내소화전설비, 스프링클러설비등**, 물분무등소화설비 또는 **옥외소화전설비**의 공사 2. 상수도소화용수설비, 소화수조·저수조 또는 그 밖의 소화용수설비의 공사 3. **제연설비**, 연결송수관설비, 연결살수설비 또는 **연소방지설비**의 공사 4. 기계분야 소방시설에 부설되는 전기시설의 공사. 다만, 비상전원, 동력회로, 제어회로, 기계분야의 소방시설을 작동하기 위해 설치하는 화재감지기에 의한 화재감지장치 및 전기신호에 의한 소방시설의 작동장치의 공사는 제외한다.
전기분야	1. **비상경보설비, 자동화재탐지설비, 화재알림설비** 또는 비상방송설비의 공사 2. **비상콘센트설비** 또는 **무선통신보조설비**의 공사 3. 기계분야 소방시설에 부설되는 전기시설 중 가목4) 단서의 전기시설 공사

LINK 기본서 1권 159p

12 ④

④ **관계인**은 공사업자가 하자보수계획을 서면으로 알리지 아니한 경우에는 소방본부장이나 소방서장에게 그 사실을 알릴 수 있다. (법 제15조 제4항 제2호)

선지체크
① 법 제15조 제3항
② 령 제6조 제2호
③ 법 제15조 제5항 전단

LINK 기본서 1권 165~166p

13 ②

② 실무교육기관등의 장은 매년 1월 말까지 전년도 교육 횟수·인원 및 대상자 등 교육실적을 **소방청장**에게 보고하여야 한다. (규칙 제36조 제2항)

선지체크
① 법 제29조 제1항
③ 법 제29조 제2항
④ 규칙 제26조 제1항

LINK 기본서 1권 213~217p

14 ②

② **시·도지사**가 협회에 위탁 (령 제20조 제3항 제1호)

선지체크
① 소방청장이 협회, 소방기술과 관련된 법인 또는 단체에 위탁 (령 제20조 제4항 제2호)
③ 소방청장이 협회에 위탁 (령 제20조 제2항 제2호)
④ 소방청장이 협회, 소방기술과 관련된 법인 또는 단체에 위탁 (령 제20조 제4항 제1호)

LINK 기본서 1권 220~221p

15 ①

① 법 제35조

- 3년 이하의 징역 또는 3천만원 이하의 벌금
1. 소방시설업 등록을 하지 아니하고 영업을 한 자
2. 부정한 청탁을 받고 재물 또는 재산상의 이익을 취득하거나 부정한 청탁을 하면서 재물 또는 재산상의 이익을 제공한 자

LINK 기본서 1권 225p

16 ②

② 화재예방안전진단이란 **화재가 발생할 경우 사회·경제적으로 피해 규모가 클 것으로 예상되는 소방대상물에 대하여 화재위험요인을 조사하고 그 위험성을 평가하여 개선대책을 수립하는 것을** 말한다.
→ 화재예방강화지구란 특별시장·광역시장·특별자치시장·도지사 또는 특별자치도지사(이하 "시·도지사"라 한다)가 화재발생 우려가 크거나 화재가 발생할 경우 피해가 클 것으로 예상되는 지역에 대하여 화재의 예방 및 안전관리를 강화하기 위해 지정·관리하는 지역을 말한다. (법 제2조 제1항 제4호, 제5호)

선지체크
① 법 제2조 제1항 제1호
③ 법 제2조 제1항 제2호
④ 법 제2조 제1항 제3호

LINK 기본서 1권 248~249p

17 ③

③ 령 제14조 제3항

선지체크
① **소방청장** 또는 **시·도지사**가 손실을 보상하는 경우에는 시가로 보상해야 한다. (령 제14조 제1항)
② 손실보상에 관하여는 **소방청장** 또는 **시·도지사**와 손실을 입은 자가 협의해야 한다. (령 제14조 제2항)
④ 보상금의 지급 또는 공탁의 통지에 불복하는 자는 지급 또는 공탁의 통지를 받은 날부터 **30일 이내**에 「공익사업을 위한 토지 등의 취득 및 보상에 관한 법률」 제49조에 따른 중앙토지수용위원회 또는 관할 지방토지수용위원회에 재결을 신청할 수 있다. (령 제14조 제4항)

LINK 기본서 1권 262~263p

18 ④

④ 화재안전조사는 **관계인**의 승낙 없이 소방대상물의 공개시간 또는 근무시간 이외에는 할 수 없다. (법 제8조 제3항)

선지체크
① 법 제7조 제1항 제3호
② 법 제7조 제2항
③ 령 제8조 제2항

LINK 기본서 1권 255~259p

19 ①

① **소방청장**은 화재안전영향평가에 관한 업무를 수행하기 위하여 화재안전영향평가심의회를 구성·운영할 수 있다. (법 제22조 제1항)

선지체크
② 법 제22조 제2항
③ 법 제22조 제3항 제2호
④ 법 제22조 제3항 제1호

LINK 기본서 1권 276p

20 ②

② 연면적 5천제곱미터 미만으로서 **스프링클러설비**가 설치된 1급 또는 2급 소방안전관리대상물의 경우에는 초급점검자를 배치할 수 있다. 다만, 스프링클러설비 외에 제연설비 또는 물분무등소화설비가 설치된 경우에는 그렇지 않다. (규칙 별표1)

소방안전관리대상물의 등급	설치된 소방시설의 종류	대행인력의 기술등급
1급 또는 2급	스프링클러설비, 물분무등소화설비 또는 제연설비	중급점검자 이상 1명 이상
	옥내소화전설비 또는 옥외소화전설비	초급점검자 이상 1명 이상
3급	자동화재탐지설비 또는 간이스프링클러설비	초급점검자 이상 1명 이상

비고
1. 소방안전관리대상물의 등급은 영 별표 4에 따른 소방안전관리대상물의 등급을 말한다.
2. 연면적 5천제곱미터 미만으로서 스프링클러설비가 설치된 1급 또는 2급 소방안전관리대상물의 경우에는 초급점검자를 배치할 수 있다. 다만, 스프링클러설비 외에 제연설비 또는 물분무등소화설비가 설치된 경우에는 그렇지 않다
3. 스프링클러설비에는 화재조기진압용 스프링클러설비를 포함하고, 물분무등소화설비에는 호스릴방식은 제외한다.

LINK 기본서 1권 286p

21 ②

② 건설현장 소방안전관리대상물의 공사시공자는 같은 항에 따라 소방안전관리자를 선임한 경우에는 선임한 날부터 **14일 이내**에 건설현장 소방안전관리자 선임신고서에 서류(전자문서를 포함한다)를 첨부하여 소방본부장 또는 소방서장에게 신고해야 한다.
(규칙 제17조 제1항)

선지체크
① 법 제29조 제1항
③ 규칙 제17조 제3항
④ 법 제29조 제2항 제6호

LINK 기본서 1권 293~295p

22 ②

② 법 제35조 제1항, 령 제35조

• 관리의 권원이 분리되어 있어 대통령령으로 정하는 바에 따라 소방안전관리자를 선임하여야 하는 대상
1. 복합건축물(지하층을 제외한 층수가 11층 이상 또는 연면적 3만제곱미터 이상인 건축물)
2. 지하가
3. 판매시설 중 도매시장, 소매시장 및 전통시장

LINK 기본서 1권 315p

제**02**회 실전 모의고사

23 ④

④ 법 제46조

• 청문
 (권자: 소방청장 또는 시·도지사)
1. 소방안전관리자의 자격 취소
2. 진단기관의 지정 취소

LINK 기본서 1권 332p

24 ②

② 령 별표2 제1호

✔ 선지체크
ㄱ. 아파트등: 주택으로 쓰는 층수가 5층 이상인 주택
ㄴ. 연립주택: 주택으로 쓰는 1개 동의 바닥면적(2개 이상의 동을 지하주차장으로 연결하는 경우에는 각각의 동으로 본다) 합계가 660㎡를 초과하고, 층수가 4개 층 이하인 주택
ㄷ. 다세대주택: 주택으로 쓰는 1개 동의 바닥면적(2개 이상의 동을 지하주차장으로 연결하는 경우에는 각각의 동으로 본다) 합계가 660㎡ 이하이고, 층수가 4개 층 이하인 주택

LINK 기본서 2권 10p

25 ④

④ 「주택건설기준 등에 관한 규정」제26조에 따른 주택단지 안 도로의 설치 (령 제7조 제4항 제3호)

✔ 선지체크
① 법 제6조 제5항 제1호
② 법 제6조 제5항 제2호
③ 령 제7조 제4항 제1호

LINK 기본서 2권 24~25p

26 ①

① 건축 분야 및 소방방재 분야 전문가 중 「소방시설공사업법」제28조 제3항에 따른 특급감리원 자격을 취득한 사람으로 소방공사 현장 감리업무를 10년 이상 수행한 사람 (규칙 제10조 제3항 제2호 바목)

✔ 선지체크
② 규칙 제10조 제3항 제1호 나목
③ 규칙 제10조 제3항 제1호 다목 1)
④ 규칙 제10조 제3항 제2호 마목

LINK 기본서 2권 32~33p

27 ①

① 비상경보장치: 바닥면적이 150㎡ 이상인 지하층 또는 무창층의 화재위험작업현장 (령 별표8 제2호 다목 2))

✔ 선지체크
② 령 별표8 제2호 라목
③ 령 별표8 제2호 사목
④ 령 별표8 제2호 나목 2)

LINK 기본서 2권 61~62p

28 ④

④ 법 제17조 제2항

✔ 선지체크
① 내용연수를 설정해야 하는 소방용품은 분말형태의 소화약제를 사용하는 소화기로 한다. (령 제19조 제1항)
② 소방용품의 내용연수는 10년으로 한다. (령 제19조 제2항)
③ 특정소방대상물의 관계인은 내용연수가 경과한 소방용품을 교체하여야 한다. (법 제17조 제1항)

LINK 기본서 2권 63p

29 ③

③ 관계인, 관리업에 등록된 기술인력 중 소방시설관리사, 특급점검자, 소방안전관리자로 선임된 소방시설관리사 및 소방기술사는 간이스프링클러설비 또는 자동화재탐지설비가 설치된 특정소방대상물의 작동점검을 할 수 있다. (규칙 별표3 제2호 나목 1))

✔ 선지체크
① 규칙 별표3 제1호 가목
② 규칙 별표3 제2호 가목 2)
④ 규칙 별표3 제2호 다목

LINK 기본서 2권 71~72p

30 ①

① 대통령령으로 정하는 소방용품을 제조하거나 수입하려는 자는 소방청장의 형식승인을 받아야 한다. 다만, 연구개발 목적으로 제조하거나 수입하는 소방용품은 그러하지 아니하다. (법 제37조 제1항)

✔ 선지체크
② 법 제37조 제2항
③ 법 제37조 제6항 제1호
④ 법 제37조 제10항

LINK 기본서 2권 105~107p

31 ③

③ 1년 이하의 징역 또는 1천만원 이하의 벌금 (법 제58조 제7호)

✔ 선지체크
① 3년 이하의 징역 또는 3천만원 이하의 벌금 (법 제57조 제3호)
② 3년 이하의 징역 또는 3천만원 이하의 벌금 (법 제57조 제4호)
④ 3년 이하의 징역 또는 3천만원 이하의 벌금 (법 제57조 제8호)

LINK 기본서 2권 122~125p

32 ①

① 법 제34조의3

선지체크
② 지정수량 미만인 위험물의 저장 또는 취급에 관한 기술상의 기준은 **특별시·광역시·특별자치시·도 및 특별자치도(이하 "시·도"라 한다)의 조례로** 정한다. (법 제4조)
③ 시·도의 조례가 정하는 바에 따라 관할 소방서장의 승인을 받아 지정수량 이상의 위험물을 **90일 이내**의 기간동안 임시로 저장 또는 취급하는 경우에는 제조소등이 아닌 장소에서 지정수량 이상의 위험물을 취급할 수 있다. (법 제5조 제2항 제1호)
④ 이 법은 항공기·선박·철도 및 궤도에 의한 위험물의 저장·취급 및 운반에 있어서는 이를 적용하지 아니한다. (법 제3조)

> LINK 기본서 2권 231p

33 ③

• 제조소등의 설치자의 지위를 승계한 자는 **행정안전부령**이 정하는 바에 따라 승계한 날부터 **30일 이내**에 시·도지사에게 그 사실을 신고하여야 한다. (법 제10조 제3항)
• 제조소등의 관계인은 당해 제조소등의 용도를 폐지한 때에는 **행정안전부령**이 정하는 바에 따라 제조소등의 용도를 폐지한 날부터 **14일 이내**에 시·도지사에게 신고하여야 한다. (법 제11조)

> LINK 기본서 2권 175p

34 ④

④ **제조소등의 관계인은 안전관리자를 선임한 경우** 선임한 날부터 14일 이내에 행정안전부령으로 정하는 바에 따라 소방본부장 또는 소방서장에게 **신고하여야 한다.** (법 제15조 제3항)
→ 제조소등의 관계인이 안전관리자를 **해임하거나 안전관리자가 퇴직한 경우** 그 관계인 또는 안전관리자는 소방본부장이나 소방서장에게 그 사실을 알려 **해임되거나 퇴직한 사실을 확인받을 수 있다.** (법 제15조 제4항)

선지체크
① 법 제15조 제1항 후단
② 령 별표5
③ 법 제15조 제2항

> LINK 기본서 2권 181~183p

35 ①

① **제조소등의 관계인**은 해당 제조소등이 금연구역임을 알리는 표지를 설치하여야 한다. (법 제19조의2 제2항)

선지체크
② 령 제18조의2 제2항 제2호
③ 령 제18조의2 제1항 제1호
④ 규칙 별표4 Ⅲ 제3호 가목

> LINK 기본서 2권 204p

36 ②

② **시·도지사**는 운반용기를 제작하거나 수입한 자 등의 신청에 따라 운반용기를 검사할 수 있다. (법 제20조 제3항)

선지체크
① 법 제20조 제2항 제1호
③ 규칙 별표19 Ⅱ 제8호
④ 령 제19조 제1호, 제2호

> LINK 기본서 2권 211p

37 ④

④ **소방본부장 또는 소방서장**은 정기검사를 기술원에 위탁한다. (령 제22조 제3항)

선지체크
① 령 제22조 제1항 제1호 가목
② 령 제22조 제2항 제1호 가목
③ 령 제22조 제2항 제3호

> LINK 기본서 2권 223p

38 ①

① 법 제38조 제1항, 법 제33조 제1항

• 양벌규정
1. 5천만원 이하의 벌금: 제조소등 또는 허가를 받지 않고 지정수량 이상의 위험물을 저장 또는 취급하는 장소에서 위험물을 유출·방출 또는 확산시켜 사람의 생명·신체 또는 재산에 대하여 위험을 발생시킨 경우
2. 1억원 이하의 벌금: 제조소등 또는 허가를 받지 않고 지정수량 이상의 위험물을 저장 또는 취급하는 장소에서 위험물을 유출·방출 또는 확산시켜 사람의 생명·신체 또는 재산에 대하여 위험을 발생시켜 사람을 상해 또는 사망에 이르게 한 경우

> LINK 기본서 2권 231, 237p

39 ①

① 규칙 별표17 Ⅱ 제5호 마목 2)

선지체크
② 옥내소화전설비는 각층을 기준으로 하여 당해 층의 모든 옥내소화전(설치개수가 5개 이상인 경우는 5개의 옥내소화전)을 동시에 사용할 경우에 각 노즐끝부분의 방수압력이 **350kPa 이상**이고 방수량이 1분당 **260ℓ 이상**의 성능이 되도록 하여야 한다. (규칙 별표17 Ⅰ 마목 3))
③ 옥외소화전은 방호대상물의 각 부분(건축물의 경우에는 당해 건축물의 1층 및 2층의 부분에 한한다)에서 하나의 호스접속구까지의 수평거리가 **40m 이하**가 되도록 설치하여야 한다. 이 경우 그 설치개수가 1개일 때는 2개로 하여야 한다. (규칙 별표17 Ⅰ 바목 1))
④ 옥외소화전설비 수원의 수량은 옥외소화전의 설치개수(설치개수가 **4개 이상**인 경우는 **4개**의 옥외소화전)에 13.5m²를 곱한 양 이상이 되도록 설치하여야 한다. (규칙 별표17 Ⅰ 바목 2))

> LINK 기본서 2권 358p

40 ③

③ 간이저장탱크는 움직이거나 넘어지지 아니하도록 지면 또는 가설대에 고정시키되, 옥외에 설치하는 경우에는 그 탱크의 주위에 너비 **1m 이상**의 공지를 두고, 전용실 안에 설치하는 경우에는 탱크와 전용실의 벽과의 사이에 **0.5m 이상**의 간격을 유지하여야 한다. (규칙 별표9 제4호)

선지체크
① 규칙 별표9 제1호
② 규칙 별표9 제2호
④ 규칙 별표9 제6호

LINK 기본서 2권 295p

제 03회 실전 모의고사

01 ①	02 ③	03 ②	04 ④	05 ②
06 ④	07 ③	08 ①	09 ②	10 ①
11 ①	12 ②	13 ③	14 ③	15 ②
16 ③	17 ④	18 ①	19 ③	20 ②
21 ②	22 ④	23 ③	24 ②	25 ④
26 ①	27 ③	28 ③	29 ①	30 ③
31 ④	32 ③	33 ①	34 ④	35 ③
36 ③	37 ②	38 ③	39 ①	40 ②

01 ①

- **소방청장** 및 **시·도지사**는 119종합상황실 등의 효율적 운영을 위하여 소방정보통신망을 구축·운영할 수 있다. (법 제4조의2 제1항)
- 소방정보통신망의 구축 및 운영에 필요한 사항은 **행정안전부령**으로 정한다. (법 제4조의2 제3항)
- **소방청장** 및 **시·도지사**는 소방정보통신망이 안정적으로 운영될 수 있도록 **연 1회** 이상 소방정보통신망을 주기적으로 점검·관리해야 한다. (규칙 제3조의2 제3항)

LINK 기본서 1권 31~32p

02 ③

③ 법 제9조 제1항

선지체크
① 소방기관이 소방업무를 수행하는 데에 필요한 소방력에 관한 기준은 **행정안전부령**으로 정한다. (법 제8조 제1항)
② **시·도지사**는 소방력의 기준에 따라 관할구역의 소방력을 확충하기 위하여 필요한 계획을 수립하여 시행하여야 한다. (법 제8조 제2항)
④ 소방자동차 등 소방장비의 분류·표준화와 그 관리 등에 필요한 사항은 **따로 법률**에서 정한다. (법 제8조 제3항)

LINK 기본서 1권 39p

03 ②

② 발화신호란 화재가 발생한 때 발령하는 것을 말한다.
→ 경계신호란 화재예방상 필요하다고 인정되거나 「화재의 예방 및 안전관리에 관한 법률」 제20조의 규정에 의한 화재위험경보시 발령하는 것을 말한다. (규칙 제10조)

선지체크
① 법 제18조
③ 규칙 별표4
④ 규칙 별표4 비고 제2호

LINK 기본서 1권 61~62p

04 ④

④ **시·도의 조례로** 정하는 지역 또는 장소에서 화재로 오인할 만한 우려가 있는 불을 피우거나 연막 소독을 하려는 자는 시·도의 조례로 정하는 바에 따라 관할 소방본부장 또는 소방서장에게 신고하여야 한다. (법 제19조 제2항 제6호)

선지체크
① 법 제19조 제1항
② 법 제19조 제2항 제4호
③ 령 별표3 제2호 나목

LINK 기본서 1권 62~63p

05 ②

② 령 제7조의12 후단

선지체크
① 「건축법 시행령」 별표 1 제2호 가목의 아파트 중 세대수가 **100세대 이상**인 아파트의 건축주는 제16조 제1항에 따른 소방활동의 원활한 수행을 위하여 공동주택에 소방자동차 전용구역을 설치하여야 한다. (법 제21조의2 제1항, 령 제7조의12 제1호)
③ 공동주택의 건축주는 소방자동차가 접근하기 쉽고 소방활동이 원활하게 수행될 수 있도록 **각 동별 전면 또는 후면**에 소방자동차 전용구역을 1개소 이상 설치해야 한다. (령 제7조의13 제1항)
④ 전용구역 노면표지의 외곽선은 빗금무늬로 표시하되, 빗금은 두께를 **30센티미터**로 하여 **50센티미터** 간격으로 표시한다. (령 별표2의5 비고 제1호)

LINK 기본서 1권 64~65p

06 ④

④ 소방활동 종사명령으로 사망하거나 부상을 입은 자에게 **소방청장** 또는 **시·도지사**는 손실보상 하여야 한다. (법 제49조의2 제1항 제2호)

선지체크
① 법 제24조 제1항 전단
② 법 제24조 제1항 후단
③ 법 제24조 제3항 제1호

LINK 기본서 1권 68~69p, 77p

07 ③

③ "화재조사관"이란 화재조사에 전문성을 인정받아 화재조사를 수행하는 **소방공무원**을 말한다. (법 제2조 제1항 제3호)

선지체크
① 법 제2조 제1항 제1호
② 법 제2조 제1항 제2호
④ 법 제2조 제1항 제4호 다목

LINK 기본서 1권 102p

08 ①

① 령 제14조

• 국가화재정보시스템에 수집·관리해야 하는 화재정보
1. 화재원인
2. 화재피해상황
3. 대응활동에 관한 사항
4. 소방시설 등의 설치·관리 및 작동 여부에 관한 사항
5. 화재발생건축물과 구조물, 화재유형별 화재위험성 등에 관한 사항
6. 화재예방 관계 법령 등의 이행 및 위반 등에 관한 사항
7. 관계인의 보험가입 정보 등에 관한 사항
8. 그 밖에 화재예방과 소방활동에 활용할 수 있는 정보

LINK 기본서 1권 119p

09 ②

② 200만원 이하의 과태료 (법 제23조 제1항 제2호)

선지체크
① ③ ④ 300만원 이하의 벌금 (법 제21조)

LINK 기본서 1권 121~122p

10 ①

① 규칙 별표1

• 영업정지를 갈음하여 과징금을 부과할 수 없는 경우
1. 등록기준에 미달하게 된 후 30일이 경과한 경우(자본금기준에 미달한 경우 중 「채무자 회생 및 파산에 관한 법률」에 따라 법원이 회생절차의 개시의 결정을 하고 그 절차가 진행 중인 경우 등 대통령령으로 정하는 경우는 30일이 경과한 경우 제외)
2. 다른 자에게 자기의 성명이나 상호를 사용하여 소방시설공사등을 수급 또는 시공하게 하거나 소방시설업의 등록증 또는 등록수첩을 빌려준 경우
3. 관계인이 공사감리자를 변경하였을 때 새로 지정된 공사감리자에게 인수·인계를 거부·방해·기피한 경우
4. 사업수행능력 평가에 관한 서류를 위조하거나 변조하는 등 거짓이나 그 밖의 부정한 방법으로 입찰에 참여한 경우
5. 보고 또는 자료 제출을 하지 아니하거나 거짓으로 보고 또는 자료 제출을 한 경우
6. 관계 공무원의 출입 또는 검사·조사를 거부·방해 또는 기피한 경우

LINK 기본서 1권 152~154p

11 ①

① 문화 및 집회시설, 종교시설, 판매시설, 노유자시설, 수련시설, **운동시설**, 숙박시설, 창고시설, 지하상가 및 「다중이용업소의 안전관리에 관한 특별법」에 따른 다중이용업소 → 운수시설 × (령 제5조 제1호)

LINK 기본서 1권 165p

12 ②

② 상주공사감리 현장의 감리원이 행정안전부령으로 정하는 기간 중 부득이한 사유로 1일 이상 현장을 이탈하는 경우에는 감리일지 등에 기록하여 발주청 또는 발주자의 확인을 받아야 한다. (령 별표3)

선지체크
① ④ 령 별표3
③ 법 제16조 제1항 제3호

> LINK 기본서 1권 166~168p

13 ③

ㄷ. 화재알림설비를 신설 또는 개설할 때 → 증설 × (령 제10조)

• 공사감리자 지정대상

신설·개설·증설
1. 옥내·옥외소화전설비
2. 스프링클러설비등(방호·방수구역): 캐비닛형 간이스프링클러설비 제외
3. 물분무등소화설비(방호·방수구역): 호스릴 방식 제외
4. 제연설비(제연구역)
5. 연결살수설비(송수구역)
6. 비상콘센트설비(전용회로)
7. 연소방지설비(살수구역)

신설·개설
1. 자동화재탐지설비
2. 비상방송설비
3. 통합감시시설
4. 소화용수설비
5. 연결송수관설비
6. 무선통신보조설비
7. 화재알림설비

> LINK 기본서 1권 169~170p

14 ③

③ 국가, 지방자치단체 또는 대통령령으로 정하는 공공기관은 소방시설업자가 부정한 청탁에 의한 재물 등의 취득 및 제공 금지 규정을 위반한 사실을 발견하면 시·도지사가 그 등록을 취소하거나 6개월 이내의 기간을 정하여 그 영업의 정지를 명할 수 있도록 그 사실을 시·도지사에게 통보하여야 한다. → 소방청장 × (법 제21조의6)

선지체크
① 법 제21조 제2항
② 법 제21조의2 제1항
④ 법 제22조 제2항

> LINK 기본서 1권 180~185p

15 ②

② 법 제23조

• 도급계약의 해지
1. 소방시설업이 등록취소되거나 영업정지된 경우
2. 소방시설업을 휴업하거나 폐업한 경우
3. 정당한 사유 없이 30일 이상 소방시설공사를 계속하지 아니하는 경우
4. 하수급인 또는 하도급계약 내용의 변경 요구에 정당한 사유 없이 따르지 아니하는 경우

> LINK 기본서 1권 189p

16 ③

③ 소방청장이 소방기술 및 소방산업의 국제경쟁력과 국제적 통용성을 높이기 위하여 추진하는 사업 내용이다. (기본법 제39조의7 제2항)

선지체크
① ② ④ 제30조의3

• 협회의 업무
1. 소방시설업의 기술발전과 소방기술의 진흥을 위한 조사·연구·분석 및 평가
2. 소방산업의 발전 및 소방기술의 향상을 위한 지원
3. 소방시설업의 기술발전과 관련된 국제교류·활동 및 행사의 유치
4. 이 법에 따른 위탁 업무의 수행

> LINK 기본서 1권 219p

17 ④

④ 법 제16조 제1항

• 화재안전조사 결과 공개
1. 소방대상물의 위치, 연면적, 용도 등 현황
2. 소방시설등의 설치 및 관리 현황
3. 피난시설, 방화구획 및 방화시설의 설치 및 관리 현황
4. 제조소등 설치 현황
5. 소방안전관리자 선임 현황
6. 화재예방안전진단 실시 결과

> LINK 기본서 1권 263~264p

18 ①

① 령 제17조 제1항

선지체크
② 옮긴물건등의 보관기간은 공고기간의 종료일 다음 날부터 7일까지로 한다. (령 제17조 제2항)
③ 보관하고 있는 옮긴물건등이 부패·파손 또는 이와 유사한 사유로 정해진 용도로 계속 사용할 수 없는 경우에는 폐기할 수 있다. (령 제17조 제3항 후단)
④ 소방관서장은 매각되거나 폐기된 옮긴물건등의 소유자가 보상을 요구하는 경우에는 보상금액에 대하여 소유자와의 협의를 거쳐 이를 보상해야 한다. (령 제17조 제5항)

> LINK 기본서 1권 266p

19 ③

③ 령 별표2 비고 제5호
가. 인화점이 섭씨 40도 이상 100도 미만인 것
나. 인화점이 섭씨 100도 이상 200도 미만이고, 연소열량이 1그램당 8킬로칼로리 이상인 것
다. 인화점이 섭씨 200도 이상이고 연소열량이 1그램당 8킬로칼로리 이상인 것으로서 녹는점(융점)이 100도 미만인 것
라. 1기압과 섭씨 20도 초과 40도 이하에서 액상인 것으로서 인화점이 섭씨 70도 이상 섭씨 200도 미만이거나 나목 또는 다목에 해당하는 것

LINK 기본서 1권 270p

20 ②

② 법령이나 정책이 화재피해에 미치는 영향 등 사회경제적 파급 효과 (령 제21조 제3항 제3호)

선지체크
① 령 제21조 제3항 제1호
③ 령 제21조 제3항 제2호
④ 령 제21조 제3항 제4호

LINK 기본서 1권 275p

21 ②

② 소방안전교육의 교육대상자는 법 제37조를 적용받지 않는 특정소방대상물 중 소화기 또는 비상경보설비가 설치된 공장·창고 등의 특정소방대상물의 관계인으로서 관할 소방서장이 소방안전교육이 필요하다고 인정하는 사람으로 한다. (규칙 제40조 제1항 제1호)

선지체크
① 법 제38조 제1항
③ 규칙 제40조 제1항 제2호
④ 규칙 제40조 제2항

LINK 기본서 1권 319~320p

22 ④

④ 국가와 지방자치단체는 지방자치단체 또는 그 밖의 기관·단체에서 추진하는 화재의 예방과 안전문화활동을 위하여 필요한 예산을 지원할 수 있다. (법 제43조 제4항)

선지체크
① 법 제43조 제1항
② 법 제43조 제2항
③ 법 제43조 제3항

LINK 기본서 1권 330p

23 ③

③ 시·도지사는 특별관리기본계획을 시행하기 위하여 매년 소방안전 특별관리시행계획을 수립·시행하고, 그 결과를 다음 연도 1월 31일까지 소방청장에게 통보해야 한다. (령 제42조 제3항)

선지체크
① 령 제41조 제2항 제2호
② 법 제40조 제2항
④ 령 제42조 제5항

LINK 기본서 1권 321~322p

24 ②

② 소방청장은 소방안전관리자 자격의 정지 및 취소에 관한 업무를 소방서장에게 위임한다. (령 제48조)

선지체크
① 법 제48조 제2항 제1호
③ 법 제48조 제2항 제5호
④ 법 제48조 제2항 제3호

LINK 기본서 1권 335~336p

25 ④

④ 창고시설 중 연면적 10만m² 이상인 것 또는 지하층의 층수가 2개 층 이상이고 지하층의 바닥면적의 합계가 3만m² 이상인 것 (령 제9조 제5호)

선지체크
① 연면적 3만m² 이상인 공항시설 (령 제9조 제4호)
② 수저터널 (령 제9조 제8호)
③ 하나의 건축물에 「영화 및 비디오물의 진흥에 관한 법률」 제2조 제10호에 따른 영화상영관이 10개 이상인 특정소방대상물 (령 제9조 제6호)

LINK 기본서 2권 28p

26 ①

① 단독주택과 공동주택(아파트 및 기숙사는 제외한다)의 소유자는 소화기 등 대통령령으로 정하는 소방시설을 설치하여야 한다. (법 제10조 제1항)

선지체크
② 령 제10조
③ 법 제10조 제2항
④ 법 제10조 제3항

LINK 기본서 2권 34p

27 ③

③ 소방청장은 특정소방대상물의 관계인이 소방시설의 점검·정비를 위하여 폐쇄·차단을 하는 경우 안전을 확보하기 위하여 필요한 행동요령에 관한 지침을 마련하여 고시하여야 한다. (법 제12조 제4항)

선지체크
① 법 제12조 제1항
② 법 제12조 제2항
④ 법 제12조 제5항, 령 제12조 제1항

LINK 기본서 2권 36p, 53p

28 ③

③ 침대가 없는 숙박시설: **해당 특정소방대상물의 종사자 수**에 숙박시설 바닥면적의 합계를 3m²로 나누어 얻은 수를 합한 수 (령 별표7 제1호 나목)

LINK 기본서 2권 60p

29 ①

① **소방본부장 또는 소방서장**은 방염대상물품이 방염성능기준에 미치지 못하거나 방염성능검사를 받지 아니한 것이면 특정소방대상물의 관계인에게 방염대상물품을 제거하도록 하거나 방염성능검사를 받도록 하는 등 필요한 조치를 명할 수 있다. (법 제20조 제2항)

선지체크

② 법 제20조 제1항
③ 령 제31조 제2항 제1호
④ 법 제21조 제1항, 령 제32조 제1호

LINK 기본서 2권 67~69p

30 ③

③ 규칙 별표4 제2호

구분	주된 점검인력	보조 점검인력
50층 이상 또는 성능위주설계를 한 특정소방대상물	소방시설관리사 경력 5년 이상인 특급점검자 1명 이상	고급점검자 이상의 기술인력 1명 이상 및 중급점검자 이상의 기술인력 1명 이상
특급 소방안전관리대상물 (50층 이상 또는 성능위주설계를 한 특정소방대상물 제외)	소방시설관리사 경력 3년 이상인 특급점검자 1명 이상	고급점검자 이상의 기술인력 1명 이상 및 초급점검자 이상의 기술인력 1명 이상
1급 또는 2급 소방안전관리대상물	소방시설관리사 **경력 1년 이상**인 특급점검자 1명 이상	중급점검자 이상의 기술인력 1명 이상 및 초급점검자 이상의 기술인력 1명 이상
3급 소방안전관리대상물	특급점검자 1명 이상	초급점검자 이상의 기술인력 2명 이상

LINK 기본서 2권 75p

31 ④

④ 규칙 제23조 제6항

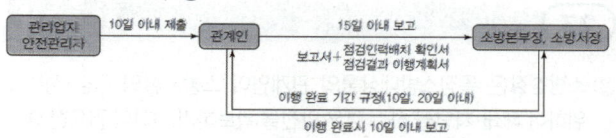

선지체크

① 관리업자 또는 소방안전관리자로 선임된 소방시설관리사 및 소방기술사는 자체점검을 실시한 경우에는 그 점검이 끝난 날부터 **10일 이내**에 소방시설등 자체점검 실시결과 보고서에 소방청장이 정하여 고시하는 소방시설등점검표를 첨부하여 관계인에게 제출해야 한다. (규칙 제23조 제1항)

② 자체점검 실시결과 보고서를 제출받거나 스스로 자체점검을 실시한 관계인은 자체점검이 끝난 날부터 **15일 이내**에 소방시설등 자체점검 실시결과 보고서에 서류를 첨부하여 소방본부장 또는 소방서장에게 서면이나 소방청장이 지정하는 전산망을 통하여 보고해야 한다. (규칙 제23조 제2항)
③ 소방시설등의 자체점검 결과 이행계획서를 보고받은 **소방본부장 또는 소방서장**은 이행계획의 완료 기간을 정하여 관계인에게 통보해야 한다. (규칙 제23조 제5항)

LINK 기본서 2권 79p

32 ④

④ 등록취소 또는 영업정지 처분을 받은 관리업자는 그 날부터 소방안전관리업무를 대행하거나 소방시설등에 대한 점검을 하여서는 아니 된다. 다만, **영업정지처분**의 경우 도급계약이 해지되지 아니한 때에는 대행 또는 점검 중에 있는 특정소방대상물의 소방안전관리업무 대행과 자체점검은 할 수 있다. → **등록취소 ×** (법 제33조 제5항)

선지체크

① 법 제33조 제2항, 법 제58조 제5호
② 법 제33조 제3항 제1호
③ 법 제33조 제4항

LINK 기본서 2권 96p, 125p

33 ①

① 법 제9조 제1항 전단

선지체크

② 제조소등의 위치·구조 또는 설비를 변경함에 있어서 규정에 따른 변경허가를 신청하는 때에 화재예방에 관한 조치사항을 기재한 서류를 제출하는 경우에는 당해 변경공사와 관계가 없는 부분은 완공검사를 받기 전에 미리 사용할 수 **있다.** (법 제9조 제1항 후단)
③ 완공검사를 받고자 하는 자가 제조소등의 일부에 대한 설치 또는 변경을 마친 후 그 일부를 **미리 사용하고자 하는 경우에는** 당해 제조소등의 일부에 대하여 완공검사를 받을 수 **있다.** (법 제9조 제2항)
④ 이동탱크저장소의 경우에는 이동저장탱크를 완공하고 **상시 설치 장소를 확보한 후** 완공검사를 신청한다. (규칙 제20조 제2호)

LINK 기본서 2권 173~174p

34 ④

④ 시·도지사는 제조소등에 대한 사용의 정지가 그 이용자에게 심한 불편을 주거나 그 밖에 공익을 해칠 우려가 있는 때에는 사용정지처분에 갈음하여 **2억원 이하**의 과징금을 부과할 수 있다. (법 제13조 제1항)

LINK 기본서 2권 179p

35 ②

② 시·도지사는 신청서를 접수한 때에는 15일 이내에 그 신청이 등록기준에 적합하다고 인정하는 때에는 위험물탱크안전성능시험자등록증을 교부하고, 제출된 기술인력자의 기술자격증에 그 기술인력자가 당해 탱크시험기관의 기술인력자임을 기재하여 교부하여야 한다. (규칙 제60조 제3항)

선지체크
① 법 제16조 제2항
③ 법 제16조 제5항 제3호, 규칙 제62조 제3항
④ 법 제16조 제3항

LINK 기본서 2권 191~194p

36 ③

③ 정기점검을 한 제조소등의 관계인은 점검을 한 날부터 30일 이내에 점검결과를 시·도지사에게 제출하여야 한다. (법 제18조 제2항)

선지체크
① 법 제18조 제1항
② 규칙 제65조 제1항
④ 법 제18조 제3항, 령 제17조

LINK 기본서 2권 197~200p

37 ②

알코올류의 지정수량: 400리터

$$\therefore \frac{48,000,000}{400} = 120,000$$

사업소의 구분	화학소방자동차	자체소방대원의 수
제조소 또는 일반취급소에서 취급하는 제4류 위험물의 최대수량의 합이 지정수량의 3천배 이상 12만배 미만인 사업소	1대	5인
제조소 또는 일반취급소에서 취급하는 제4류 위험물의 최대수량의 합이 지정수량의 **12만배 이상** 24만배 미만인 사업소	**2대**	10인
제조소 또는 일반취급소에서 취급하는 제4류 위험물의 최대수량의 합이 지정수량의 24만배 이상 48만배 미만인 사업소	3대	15인
제조소 또는 일반취급소에서 취급하는 제4류 위험물의 최대수량의 합이 지정수량의 48만배 이상인 사업소	4대	20인
옥외탱크저장소에 저장하는 제4류 위험물의 최대수량이 지정수량의 50만배 이상인 사업소	2대	10인

LINK 기본서 2권 203p

38 ③

③ **소방본부장**은 매년 10월 말까지 관할구역 안의 실무교육대상자 현황을 안전원에 통보하고 관할구역 안에서 안전원이 실시하는 안전교육에 관하여 지도·감독하여야 한다. (규칙 제78조 제4항)

선지체크
① 규칙 제78조 제1항
② 규칙 제78조 제3항
④ 규칙 별표24 제1호

LINK 기본서 2권 219~220p

39 ①

① 시·도지사는 청문을 실시할 수 있다. → **소방청장** × (법 제29조)

• 청문
(청문권자: 시·도지사, 소방본부장 또는 소방서장)
1. 제12조의 규정에 따른 제조소등 설치허가의 취소
2. 제16조 제5항의 규정에 따른 탱크시험자의 등록취소

LINK 기본서 2권 221p

40 ②

② 령 제20조의2

• 위험물 안전관리에 관한 협회의 설립
다음의 자 10명 이상이 발기인이 되어 정관을 작성한 후 창립총회의 의결을 거쳐 소방청장에게 인가를 신청해야 한다.
1. 제조소등의 관계인
2. 위험물운송자
3. 탱크시험자
4. 안전관리자의 업무를 위탁받아 수행할 수 있는 안전관리대행기관으로 소방청장의 지정을 받은 자

LINK 기본서 2권 221p

SILVITAIL